Nadine Hilmar

AF140035

HAND IN HAND
Wie Geschwisterliebe wachsen kann

2., aktualisierte Auflage

Für Leander, Mona und Linus

Danke für all die schönen Momente, die ihr mir bisher beschert habt. Und danke für all die schwierigen Augenblicke, die uns gemeinsam bewegen und wachsen lassen.

Bibliografische Information der Deutschen Nationalbibliothek: Die Deutsche Nationalbibliothek verzeichnet diese Publikation in der Deutschen Nationalbibliografie; detaillierte bibliografische Daten sind im Internet über www.dnb.de abrufbar.

2., aktualisierte Auflage
September 2018
Copyright 2018 © Nadine Hilmar
www.buntraum.at

Herstellung und Verlag: BoD – Books on Demand, Norderstedt

Umschlaggestaltung: Nadine Hilmar, Wien
www.nadinehilmar.at

ISBN: 9783738623475

Inhalt

Vorwort zur zweiten Auflage

Als ich zum zweiten Mal schwanger wurde, war ich überglücklich und gelassen. Wir hatten immer ein zweites Kind geplant, wir waren ein eingespieltes Team und hatten das Gefühl, zu wissen, was auf uns zukommen würde. Wir hatten einen Altersabstand von drei Jahren gewählt, weil wir hofften, dass unser Sohn in dem Alter sowohl sprachlich als auch emotional so weit entwickelt sein würde, seine Gefühle einigermaßen artikulieren zu können. Und dass wir ihn entsprechend gut vorbereiten könnten.

Doch bald spürten wir, dass da eine Herausforderung vor uns stand, mit der wir so nicht gerechnet hatten. Erst kam die Übelkeit und mit ihr bleischwere Müdigkeit. Danach war der Bauch zwar noch nicht besonders sichtbar, aber groß genug, dass mein Sohn nicht mehr auf meinem Schoß sitzen konnte. Und als der Bauch groß genug war, dass er ihn sehen konnte, verstand er noch lange nicht, warum es nicht gut war, darauf herumzuklettern.

Bald konnte ich meinen Sohn nicht mehr drei Etagen hinauftragen und mich nachts nicht mehr in seine Betthöhle zu ihm kuscheln. Die für ihn scheinbar zunehmende Ablehnung meinerseits frustrierte ihn. Das Baby hingegen interessierte ihn überhaupt nicht. Verbal hätte ich ihn auf vieles vorbereiten können, jedoch gab es nur selten Gespräche darüber. Er stellte keine Fragen, ich wollte ihn aber auch nicht zwangsverpflichten zu einem Mama-Sohn-Kurs über das Geschwisterkriegen. Bücher über das heranwachsende kleine Baby und die baldige Zeit zu viert lehnte er ab.

Und dann stellte ich fest, dass es ziemlich egal ist, wie groß der Altersunterschied der Geschwisterkinder ist. Denn alles steht und fällt mit der Entwicklung des älteren Kindes. Mit seiner Persönlichkeit, seinem Charakter. Und schlussendlich natürlich auch mit dem Wesen des Geschwisterkindes.

Viel später erst erkannte ich, dass sich genau das durch alle Phasen der Geschwisterbeziehung zieht. Solange Kinder sich entwickeln, gibt es kein Rezept dafür, wie man spezielle Situationen löst oder handhabt. Es gibt kein einfaches Mittel gegen Eifersucht und auch keines gegen Streitereien. Wir können unsere Kinder weder perfekt vorbereiten noch vor ihren eigenen Gefühlen bewahren. Was es jedoch gibt, und wofür ich selbst immer überaus dankbar war und auch heute noch bin, sind Hinweise, ein paar Gedanken, die in den schlimmsten Situationen helfen können, dass alle einigermaßen trocken durch den Sturm segeln. Dass niemand untergeht und alle gemeinsam und sicher an Land schiffen.

Es hilft zu verstehen, warum Geschwisterbeziehungen so besonders sind und uns als Eltern so unfassbar herausfordern. Es ist enorm bereichernd zu sehen, was hinter Streit, Konflikt und Rivalität steht, was sie schürt und was sie eindämmt.

Auch in meinen Beratungen taucht das Thema Geschwister immer wieder auf. Wie kann ich beiden Kindern gerecht werden, wie beuge ich der Eifersucht vor, wie gehe ich mit ihr um? Was mache ich, wenn sie laut und heftig, stets und ständig streiten und sich sogar verletzen? Wann schreite ich ein, wann überlasse ich sie sich selbst? Warum hassen sich meine Kinder? Was habe ich falsch gemacht? Unzählige Fragen tauchen auf im Leben mit einem Kind, unzählige mehr im Leben mit Geschwisterkindern.

Deshalb gibt es dieses Buch. Ich hoffe, auf diesem Weg vielen Eltern gute Unterstützung geben zu können, hilfreiche, aber auch tröstende Begleiterin sein zu können. So dass aus meinen Fehlern und aus meiner stürmischen Reise und aus den Hinweisen, die ich erfahren habe, noch viele andere – letztendlich auch ich selbst – profitieren können. Auf einer der spannendsten, aber auch herausforderndsten Fahrten des Lebens.

Eine kleine Anmerkung möchte ich zur Verwendung der Wörter Mutter und Vater machen: der Einfachheit halber und zum besseren Verständnis habe ich beide Worte verwendet, was dazu führen kann, dass man meint das Buch würde sich ausschließlich an klassische Familien wenden. Grundsätzlich dürfen sich hier aber auch rein weibliche oder rein männliche Elternpaare angesprochen fühlen.

Viel Freude beim Lesen, der weiteren Begleitung Eurer Geschwisterkinder und Alles Gute!

Nadine Hilmar, September 2018

Geschwister
– Eine ganz besondere Beziehung

Storms make trees take deeper roots.
- Dolly Parton

Als ich vierzehn Jahre alt war, starb mein Bruder bei einem Autounfall. Er war damals neunzehn und hatte im Starkregen beim Überholen die Kontrolle über sein Fahrzeug verloren. Dieses Ereignis hat unsere Familie geschüttelt wie kein anderes. Ich erinnere mich an die Wucht der Worte und die Trübheit der Tatsache, die mich damals umgab. Ich war vierzehn, saß nun allein in einem Zimmer, in dem ein Bett und ein Schreibtisch zu viel standen. Ich betrachtete die Sachen meines Bruders wie leblose Dinge und hörte monatelang seinen Schlüssel vor der Tür klappern, als würde er jeden Moment heimkommen. Aber er kam nicht. Nie wieder würde er mich Küken nennen. Nie wieder würden wir gemeinsam lachen. Getrauert habe ich darüber erst zehn Jahre später. Als die Trauer meiner Eltern in bittere und starre Erkenntnis übergegangen war und ich erkannt hatte, was es bedeutete, einen „keinen" Bruder zu haben. Ich hätte schreien können, wenn mich Menschen fragten: „Hast Du Geschwister?" Was sollte ich antworten? Nein? Das wäre gelogen gewesen, ich war kein Einzelkind, bin nie eines gewesen und ich werde nie eines sein. Sagte ich, „Ja, einen Bruder" dann wurde ich sofort gefragt, was er denn mache oder wo er lebt. Und wenn ich trocken antwortete, dass er tot sei, spürte ich die Betroffenheit der anderen so schwer auf mir lasten, dass ich sie nun am liebsten getröstet hätte. „Schon okay, es ist lange her", sagte ich oft. Manchmal überlegte ich, mir ein Phantasieleben für ihn auszudenken und so zu tun, als würde er leben. Weit weg und für niemanden sichtbar. Ich überlegte, ihm ein Leben anzudichten, das er sich selbst gewünscht aber nie erlebt hatte. Seine beiden Kinder, die Anna und Hannes heißen sollten. Eine Frau, die vielleicht Steffi hieß. Ein Haus unter Eichen irgendwo in einem Vorort von Hamburg. Aber ich schaffte es nicht, es tat mir zu weh mir vorzustellen, er wäre da und würde dieses oder irgendein Leben leben.

Eine Geschwisterbeziehung ist die längste Beziehung unseres Lebens. Denn sie geht weit über den Tod hinaus. Das hatte ich selbst erfahren und erlebe es heute noch. Wenn ich meinen Kindern von meinem Bruder erzähle, mit ihnen das Grab besuche oder über Erinnerungen aus meiner Kindheit plaudere, in denen er in lebhaften Bildern auftaucht.

Keine Beziehung in unserem Leben wird so lange, so intensiv und so emotional verbunden erlebt wie die eigene Geschwisterbeziehung. Geschwister teilen von Anfang an innigst Verbundenes – ihre Eltern. Sie lieben und sie hassen sich, sie streiten und versöhnen sich. Sie verbünden sich, sie helfen einander. Sie tun sich weh, sie tun einander gut. Es verbinden sie auf immer längst verjährte und verblasste Kindheitserinnerungen. Diese Beziehung prägt uns wie keine andere in unserem Leben.

Die Geschwisterbeziehung ist die längste Beziehung in unserem Leben.

Was wir uns für unsere Kinder und ihre Beziehung zueinander wünschen ist nicht selten geprägt von dem, was wir selbst erlebt haben. Waren wir Einzelkinder, so wünschen wir ihnen womöglich einen Spielpartner, den wir hin und wieder vermisst haben. Erinnern wir uns an Streit und Neid, an Rivalität und Kampf, wünschen wir ihnen mehr Harmonie und liebevolles Miteinander.

Eine Geschwisterbeziehung ist aber ein großes Meer aus allem. Aus Gefühlen und Emotionen, die uns unser ganzes Leben lang begleiten, in sämtlichen anderen Beziehungen wieder auftauchen. Wir können Neid und Streit weder verhindern noch einfach stoppen. Aber wir können sie als gegeben annehmen und so unseren Kindern ihre ganz eigenen Erfahrungen schenken: Indem wir sie ihre eigene Geschwisterbeziehung entwickeln und diese wachsen lassen und sie dabei liebevoll begleiten.

Egal ob zwei, drei, vier oder mehr Kinder in einer Familie leben - jedes Kind ist anders und so ist auch seine Beziehung zu jedem anderen Familienmitglied: eigen und individuell. Mit jedem neuen Geschwisterkind verändert sich das System Familie, verschieben sich die Konstellationen. Jedes einzelne Kind, jede Beziehung und das Gesamtgefüge nicht aus dem Auge zu verlieren, ist eine große Herausforderung. Doch nur die Bewältigung dieser kann es uns ermöglichen das Schiff vom Heimathafen aus gut und sicher über die Meere segeln zu lassen.

Übung:
Falls Du Geschwister hast - betrachte Deine eigene Geschwisterbeziehung. In wieweit hat sie Dich in Deinen heutigen Beziehungen und deinem Leben geprägt? Was findest Du überhaupt an Deinem heutigen Sein, Deiner Art, Deinem Verhalten, was aus Deiner Geschwisterbeziehung her rührt?

Was es für uns Eltern so schwierig macht

Doch so sehr wir uns als Eltern bemühen, unsere Kinder in ihrer Beziehung zueinander gut zu begleiten, so schwierig ist das für uns. Warum?

Wie bereits oben erwähnt prägen uns da unsere eigenen Erfahrungen mit unseren Geschwistern oder mit Geschwisterpaaren, denen wir in unserer Kindheit begegnet sind. Hatten wir keine gute Beziehung zu unseren Geschwistern, so wollen wir unbedingt, dass unsere Kinder sich gut verstehen. Hatten wir selbst eine gute Beziehung, so sollen sie das unbedingt auch erleben. Damit projizieren wir automatisch Erwartungen auf ihre eigene, individuelle Beziehung. Eine unerfüllbare Erwartung vielleicht, auch wenn sie gut gemeint ist.

Wie harmonisch oder liebevoll die Beziehungen unserer Kinder untereinander ist und sein wird, können wir zwar durch unser Verhalten und unsere Begleitung beeinflussen, aber nicht konkret steuern. So sehr wir uns auch bemühen - es gibt Geschwisterpaare, die sich einfach nicht gut verstehen können. Das zu akzeptieren ist für sie hilfreicher als darauf zu bestehen, dass ihre Beziehung zueinander besser wird.

Hinzu kommt, dass wir in der Erziehung unserer Kinder vieles anders machen wollen als unsere Eltern. Wir erinnern uns gut daran, wie unsere Eltern uns erzogen und ins Leben begleitet
haben. Überzeugt davon, was richtiger und wichtiger ist, achten wir dann bei der Erziehung unserer eigenen Kinder

so sehr darauf, es ganz genau gegenteilig zu machen, dass wir nicht mehr bei uns oder bei den Kindern sind, sondern nur noch bei unserem eigenen Erlebten. Vielleicht waren wir auch ein Einzelkind und wollen nun unbedingt die Spielpartner für unsere Kinder, die wir uns immer gewünscht haben. Dann sind wir vielleicht enttäuscht oder frustriert, wenn unsere Kinder so gar nicht ins gemeinsame Spiel finden oder nach kurzer Zeit anfangen zu streiten. Wieder stehen unsere eigenen Erwartungen im Weg ihrer Beziehung.

> Unsere eigene Geschichte, unsere Kindheit, unsere Erziehung prägt unser Elterndasein enorm.

Das Internet, die Buchläden und sämtliche Kursangebote für Mütter und Väter sorgen dafür, dass wir als Eltern oft so ganz von uns und unserem Bauchgefühl abkommen. Mehr noch sorgen sie dafür, dass wir uns einen unnötigen Druck auferlegen. Wir hören und lesen davon, dass die Geschwisterbeziehung uns unser Leben lang prägt. Das stimmt, übt aber auch einen großen Druck auf uns aus. Wir wollen unsere Kinder gut begleiten, damit sie gut gerüstet in ihr Leben gehen können. Wir wollen nichts falsch machen. Wir wollen nur das Beste für sie.

Aber wir können uns entspannen: Denn wir dürfen auch Fehler machen. Das macht uns authentisch und zeigt unseren Kindern viel wichtigere Lektionen fürs Leben als scheinbar perfekte Eltern. Wir können unsere Kinder nämlich nicht beschützen, behüten und perfekt aufs Leben vorbereiten. Wir können nur für sie da sein. Das wiederum ist sehr viel. Vielleicht sogar das Wichtigste.

Oft schleichen sich auch Schuldgefühle ein. Wenn Kinder

sich nicht gut verstehen oder oft streiten, suchen wir schnell die Schuld bei uns. „Was mache ich falsch?" - Die Mädchen der Nachbarin verstehen sich doch so gut, warum streiten meine Kinder immer nur? Hierzu sei gesagt, dass Kinder sehr unterschiedlich sind und sich Geschwisterkinder auch gar nicht immer verstehen können oder müssen. Darüber hinaus verallgemeinern Eltern gern: „Meine Kinder streiten dauernd." Denn wir tendieren dazu den Fokus auf das Negative zu lenken. Wenn wir gefragt werden: „Wie war dein Tag?" dann fällt vielen von uns zuerst das Negative auf. Weil es präsenter ist, weil wir es viel schneller auf- und wahrnehmen. Es ist Zeit, das zu ändern.

Übung
Betrachte Deine Geschwisterkinder und beobachte jeden Tag
mindestens drei Situationen, die positiv, liebevoll oder einfach nur gut
waren. Es muss nichts besonderes sein, kein Bussi oder Umarmung.
Einfach ein nettes, fröhliches Miteinander. Schau mal genau hin.
Falls Du das Geschwisterkind erst noch erwartest, so beobachte
Dein Kind und sehe die positiven Dinge. Übe Dich darin, diese
wahrzunehmen.

Zum zweiten Mal schwanger

Und jedem Anfang wohnt ein Zauber inne,
Der uns beschützt und der uns hilft, zu leben.
- Hermann Hesse

Der richtige Zeitpunkt

Den perfekten Altersabstand diskutieren Eltern in renommierten Elternforen stets und ständig und ohne Erfolg. Es gibt keinen perfekten Abstand. Die einen wünschen sich, dass die Kinder gut miteinander spielen können. Das spricht für einen kurzen Abstand. „Viel zu anstrengend, die Babyzeit mit mehreren kleinen Kindern", rufen die anderen. Das eine soll erst einmal in Ruhe groß werden können, gefestigt und selbstsicher. Aus den Windeln oder dem „Gröbsten" raus. „Aber so spät vom Thron geworfen zu werden, kann doch auch nicht gut sein", wird dagegen argumentiert. Eigene Erfahrungen spielen hierbei auch eine große Rolle. Wer einen zu großen Altersabstand zu den eigenen Geschwistern hatte, der tendiert zum kleineren und umgekehrt. Das zeigt, wie persönlich und individuell die Entscheidung letztendlich ist. Und vielleicht ist es am einfachsten, wenn es einfach passiert. Ganz ungeplant und unvorbereitet. Denn dann stehen die wenigsten Erwartungen wie schwere Klötze unbeweglich im Raum.

Sicher ist jedenfalls, dass keine Zweitschwangerschaft so verlaufen wird wie die erste. Ob wir ein weiteres Kind geplant haben oder nicht, ob wir vor Freude tanzen oder einen Schreck verdauen müssen: Unsere Aufmerksamkeit ist geteilt. Wir werden nicht nur erneut Eltern eines neuen Lebewesens, unser erstes Kind wird großes Geschwisterkind. Bruder oder Schwester. Das allein bringt oft viele Emotionen mit sich. Sowohl vorfreudige als auch wehmütige. Erwartungsvolle. Beängstigende. Unser „Kleines" wird groß. Und alles wird anders.

Ja, alles wird anders. Das kann ich versprechen. Wie anders – das liegt nicht nur, aber auch an Euch.

Egal wie problemlos und entspannt die Schwangerschaft sein mag und hoffentlich ist. Mit einem kleinen Kind im Haus und Action rund um die Uhr ist die Zeit für Entspannung und Ruhepausen limitiert. Die Kommunikation mit dem Kind im Bauch erhält meist etwas weniger Aufmerksamkeit als beim ersten Mal. Die Auseinandersetzung mit dem wachsenden Leben geschieht dann, wenn Zeit dafür ist. Die Beziehung zum ersten Kind schläft zuweilen unter einem Berg aus Müdigkeit, Anspannung und dünnen Nerven. Wir fragen uns, wie wir unsere Liebe aufteilen können und woher wir genügend Zeit und Kraft für alle aufbringen werden. Glück, Vorfreude und Zweifel wechseln sich gewürzt mit zahlreichen Hormonen ab. Werden wir es schaffen, allen gerecht zu werden?

All dies – abgesehen von den individuellen körperlichen Veränderungen – spürt unser Kind. Es fühlt Sorge und Glück, Angst und Vorfreude. Sie nehmen all das auf und versuchen, es einzuordnen. Das gelingt ihnen mal mehr und mal weniger.

Je nach Charakter des Kindes wird es diese Gefühle und Emotionen hinterfragen. Je nach Entwicklungsstand und Persönlichkeit wird es an der Schwangerschaft der Mutter teilhaben wollen.

Was können wir also tun, wie können wir unser Kind gut auf das Bevorstehende vorbereiten und ihm die Umstellung so problemlos wie möglich gestalten? Wie können wir gemeinsam diese doch so spannende Zeit erleben?

Wichtig ist in allen Dingen Ehrlichkeit. Dem Kind, aber natürlich auch uns selbst gegenüber. Körperliche Erschöpfung, Erschlagenheit, aber auch Angst oder Selbstzweifel die neue Situation betreffend, sind völlig normal. Jegliche Sorgen tauchen aus einem Strudel aus Hormonen oder einfach aus der Tatsache der Situation heraus auf.

All das gehört ernstgenommen und dem Kind gegenüber auch ernst kommuniziert. Werten wir etwas ab mit: „Es ist nichts", verwirrt das unser Kind, weil es spürt, dass eben doch etwas ist. Vielmehr noch zeigt es dem Kind: Darüber reden wir nicht. Das ist nicht gut, das ignorieren wir. Es kann dazu führen, dass auch unsere Kinder sich verschließen, dass sie ihre Gefühle verstecken oder nicht wagen, sich zu äußern. Es kann aber auch genauso dazu führen, dass sie immer mehr rebellieren, weil sie wollen, dass ihre Eltern ehrlich sind. Weil sie einfach wissen wollen, was los ist.

Kinder spüren, dass eine Veränderung bevorsteht.
Begegnen wir ihnen mit kindlicher Ehrlichkeit.

Gerade kurz vor der Geburt kommt es häufig vor, dass das ältere Kind schlechter schläft, dass es vermehrt einnässt, obwohl es schon ohne Windel war. Es wird anhänglicher und ängstlicher. Distanzierter oder lauter. Ganz individuell zeigt es uns, dass es etwas beschäftigt. Denn es spürt, dass die große Aufregung unmittelbar bevorsteht. Was es nicht greifen kann ist das, was kommt. Und wir können es ihm nicht sagen. Wir können unserem Kind nur vermitteln: Es wird ein Baby bei uns wohnen. Es wird öfter weinen oder schreien. Es wird viel Aufmerksamkeit brauchen. Es wird vieles anders werden. Aber wie es genau werden wird, das wissen wir nicht. Und genau das dürfen wir auch ehrlich sagen und zugeben. Denn es wird mal lustig, mal schön, mal anstrengend und mal kräftezehrend. Es wird alles und nichts. Nur wie es wirklich wird, das sehen wir erst, wenn es so weit ist.

Es geht darum, die Kinder gut durch diese Phasen der Unsicherheit und Angst zu begleiten. Sie in ihren Gefühlen zu sehen, wahrzunehmen, zu respektieren und vor allem ernst zu nehmen. Sie so anzunehmen, wie sie sind und mit allem, was sie beschäftigt. Nur so haben sie die Möglichkeit, sich durch das aufregende Neue zu kämpfen und zuversichtlich und voller Vertrauen, dass sie sich − während sich sonst alles ändert − auf uns verlassen können. Darauf, dass wir sie verstehen und halten in dieser stürmischen Zeit.

Übung

Überlege Dir mehrmals am Tag: Wie geht es mir gerade? Was emp-
finde ich? Wie fühle ich mich? Das hilft uns unser eigenes Empfin-
den besser zu erkennen und wahrzunehmen und dann auch unseren
Kindern vermitteln zu können

Wie sag ich's meinem Kind?

Eine oft gestellte Frage ist, wie wir unserem Kind davon erzählen, dass wir ein Baby erwarten.

Im Prinzip ist das sehr individuell, es gibt keine Vorlage dafür und ist abhängig von den Rundumbedingungen. Wenn Übelkeit und Müdigkeit schon sehr früh sehr dominant die Tage der Schwangerschaft begleiten, können wir unseren Kindern recht bald erzählen, was mit uns los ist. Sie spüren schließlich sehr genau, dass es uns nicht gut geht und sind froh, wenn sie eine Erklärung bekommen. Letztendlich hängt das aber auch vom Entwicklungsstand des Kindes ab. Kleine Kinder sind mit einem „Mir geht es heute nicht so gut. Ich muss mich ausruhen." soweit zufrieden. Ältere Kinder hingegen schieben gern ein „Warum?" nach und wundern sich am dritten Tag dann schon über die anhaltende Dauer dieses Zustandes.

In jedem Fall sollte die Nachricht über das zu erwartende Ereignis freudig, aber achtsam übermittelt werden. Unser Kind darf erfahren, dass wir uns freuen, dennoch sollten wir von ihm nicht dieselbe Reaktion erwarten. Es darf skeptisch sein, unschlüssig und unsicher, weil es nicht richtig begreifen kann, was das bedeutet. Vor allem dürfen wir damit rechnen, dass die Reaktion von Tag zu Tag verschieden ist. Je nach Stimmungslage des Kindes und auch von uns selbst.

Besonders hilfreich kann es sein, diese Nachricht und die anstehenden Veränderungen mit einem Buch begleitet zu übermitteln. Denn es werden Fragen auftauchen, die uns selbst vor gewisse Herausforderungen stellen. Da können

Bücher und ihre Illustrationen bei der Vermittlung der Tatsachen sehr helfen. Uns hat vor allem das Buch „Peter, Ida und Minimum: Familie Lindström bekommt ein Baby" von Grethe Fagerström und Gunilla Hansson sehr gefallen, weil es sehr klar und deutlich, dennoch auf Kinderniveau beschreibt, wie eine Schwangerschaft entsteht und wie es ist, wenn ein neues Baby einzieht.

Heutzutage werden vielerorts Geschwisterkurse angeboten. Diese können sinnvoll sein, wenn wir das Gefühl haben, dass unser Kind sich dafür interessiert und sich nicht dadurch von dem Thema bedrängt fühlt. Für Kinder, die in ihrer Rolle als werdende große Brüder oder Schwestern aufgehen, kann so ein Kurs bereichernd und stärkend sein.

Für Kinder, die still und unsicher wirken, kann so ein Kurs zu viel sein. In jedem Fall sollte der Kurs vorher gut ausgesucht sein, damit er keine falschen Erwartungen im Kind und seine neue Rolle betreffend auslöst.

Übung:

Betrachte (evtl. rückblickend) welche Gefühle in Dir auftauchen, wenn Du daran denkst wie Dein Kind / Deine Kinder auf das Geschwisterchen eingestellt sind. Freuen sie sich? Sind sie desinteressiert? Wollen sie es nicht? Wie geht (ging) es Dir mit diesen Gefühlen? Was sind (waren) Deine Gefühle im Bezug auf das zweite, dritte, xte… Kind? Nimm diese Gefühle einfach nur an, ohne zu bewerten. Ohne sie verändern oder verurteilen zu wollen, ohne sie festhalten und nicht mehr loslassen zu wollen. Spüre sie und beschreibe sie. Nimm das einfach als Übung um Deine Gefühle und die deines Kindes wahrnehmen und verbalisieren zu lernen.

Und jetzt bist du so groß

Mit der Schwangerschaft und Aussicht auf ein weiteres Kind, auf andere Tagesabläufe und Zeiteinteilungen fällt vielen Eltern erst auf, was sich an Gewohnheiten eingeschlichen hat, für die sie eventuell mit mehreren Kindern keine Zeit oder keine Kraft mehr haben werden. Sie wollen die Schnullerdebatte beenden, wollen die Schlafgewohnheiten ändern, die Selbständigkeit fördern, die Windeln abschaffen. Einiges davon kann sehr sinnvoll sein und tatsächlich Erleichterung schaffen. Wichtig ist jedoch auch hier, dass man das Kind nicht größer macht, als es ist. Dass man nicht noch gewaltig an ihm zieht, nur damit wir es dann eventuell leichter haben. Kinder brauchen in dieser von Aufregung geprägten Zeit vor und rund um die Geburt eines Geschwisterkindes vor allem eines: Beständigkeit. Sicherheit. Das Gefühl, dass sich die Welt um sie herum ändern mag, aber sie dort bleiben können, wo sie sind. Gewohnte Rituale geben dabei besonderen Halt.Wenn wir versuchen, viel zu belassen, wie es ist und ihren sicheren Hafen erhalten, kann sich das Kind von dort aus besser auf das Neue einlassen, als wenn es selbst mit Neuem kämpfen muss, während rundherum die Welt Kopf steht.
Ein Schnuller kann ein vertrauter Begleiter sein – sowohl vor als auch nach der Ankunft des Geschwisterkindes. Hilfe in Alltagsdingen wie beim Anziehen oder auch beim Essen kann wichtige Bestätigung und Nähe sein in einer Zeit, die von sich aus genügend Turbulenzen mit sich bringt.

Wir müssen nun aber in die doch häufig auftretenden

Aufmerksamkeitskämpfe keine zusätzlichen Machtkämpfe einbringen. Wir dürfen uns entspannen. Ein Kind wird sich nicht nicht entwickeln, nur weil es Bruder oder Schwester wird. Es wird nicht ewig die Windel tragen. Wird nicht bis ins Schulalter am Schnuller hängen. Lassen wir ihm seine Bedürfnisse und gehen wir weiterhin so darauf ein, als würde sich nichts ändern. Dann kann sich rundherum vieles ändern, aber das Kind bleibt gestärkt.

Kinder brauchen in der Zeit vor und rund um die Geburt eines Geschwisterkindes vor allem Beständigkeit und Sicherheit.

Natürlich schwingt – auch bei den Eltern – ein gewisser Stolz mit, wenn man Kindern sagt, wie groß sie jetzt schon sind. Vor allem bei älteren Kindern. Sie wollen groß sein, stark sein. Wollen so werden wie wir. Dennoch dürfen wir Kinder nicht größer machen, als sie sind. Wir dürfen ihrem Entwicklungsstand nicht mehr abverlangen als wirklich möglich ist. Es ist mehr wert, überrascht zu werden von gewissen Fähigkeiten und sich mit den Kindern gemeinsam darüber zu freuen, als ihnen das Gefühl zu geben, sie würden versagen, weil sie nicht tun, was wir uns wünschen oder von ihnen erwarten. Meist eben, weil sie es nicht können. Weil sie noch nicht bereit dazu sind.

Wie sehr eine große Schwester mit einbezogen werden möchte, wie sehr sie akzeptieren kann, dass das Geschwisterchen jetzt viel Aufmerksamkeit bekommt und sie selbst zurückstecken muss, ist nicht vorhersehbar und hat nichts mit groß oder klein und nichts mit brav oder unerzogen zu tun. Es ist schlicht und einfach kindliches Verhalten, das so oder so akzeptiert werden darf.

Es gibt sicher trotzdem gewisse Gewohnheiten, die man vielleicht bis zur Geburt konfliktvermeidend abgewöhnen möchte. Vor allem, um die Umgewöhnung nach der Geburt nicht ausschließlich dem Geschwisterchen zuzuschreiben. Aber auch, weil sie langfristig Konflikte, Frustrationen und Schwierigkeiten mit sich bringen. Uns ging das mit der Einschlafsituation unseres Sohnes so.

Wir begleiteten unseren Sohn immer so lange, bis er tief und fest eingeschlafen war. Das war anfangs noch in Ordnung, wurde jedoch zunehmend anstrengender, da es nicht selten geschah, dass wir einschliefen, wieder aufwachten, während er sich noch immer unruhig hin und her wälzte. Ein großer Teil unseres Abends, unserer individuellen als auch gemeinsamen Freizeit ging dadurch verloren und wir merkten, wie uns dies zusehends Energie raubte. In Anbetracht eines zweiten Kindes konnten wir uns diese Situation so nun nicht mehr vorstellen und beschlossen, dass sich etwas ändern musste. Nun hatten wir nicht mehr nur die Vermutung, dass uns die Situation einerseits missfiel und andererseits nachhaltig auch nicht sinnvoll sein konnte, nun hatten wir auch die gewisse Klarheit, die es brauchte, um unserem Sohn zu vermitteln, dass es so nicht weitergehen konnte. Was wir hier unbedingt verhindern wollten, war, dass wir die Situation ändern müssten, wenn das Baby schon geboren wäre. Denn dann hätte es für ihn so ausgesehen, als wäre es seine Schwester, die ihm nun die Zweisamkeit mit seinen Eltern raubte, als wäre sie Schuld daran, dass wir nicht mehr zwei Stunden bei ihm im Bett liegen und darauf warten würden, dass er einschläft. Natürlich war das bis zu einem gewissen Grad wahr, aber ehrlich gesehen war diese Veränderung auch ohne anstehendem Baby längst überfällig.

Nur jetzt gelang sie wesentlich einfacher. Weil es keine Seitengassen mehr gab, nur noch geradeaus. Ohne wenn und aber.

Es hilft also, zu sehen, wo eventuell Probleme auftreten könnten, die man im Vorfeld beheben kann. Was sind im Alltag Dinge, die mit Baby wirklich herausfordernd werden können, die ich aber vermeiden kann, wenn ich bereits jetzt – während der Schwangerschaft – etwas ändere?
Wichtig ist hier, dass das Baby nicht als Grund vorgeschoben wird. Oft leben wir mit Angewohnheiten, weil wir es uns oder unseren Kindern gegenüber nicht schaffen, ehrlich zu sein und entsprechend etwas zu ändern. Wir wollen den Schnuller abgewöhnen, halten jedoch das Weinen und Schreien nicht aus. Also lassen wir ihn. Da kommt dieses noch unbekannte kleine Wesen uns nun also gerade recht: „Das Baby braucht jetzt den Schnuller und du bist doch schon so groß. Du kannst ihn doch jetzt weitergeben." Letztendlich ist das aber eine sehr schlechte Ausrede dafür, dass wir nicht ehrlich vermitteln können, was uns wirklich stört: dass unser Kind noch einen Schnuller braucht. Es ist wirklich sinnvoll zu vermeiden, dass schon im Vorfeld unangenehme, schwierige Gefühle dem noch ungeborenen Geschwisterchen gegenüber auftreten. Und dass diese von uns aus künstlich erzeugt werden.

Übung:
Welche Probleme / Konflikte könnten jetzt schon, noch im Vorfeld und bevor ein Geschwisterchen als Grund herhalten müsste, geklärt oder gelöst werden?

Nestbau und was zu beachten ist

Ähnlich ist es mit dem Nestbau, der mit kleinem Kind auch eine Gratwanderung sein kann.

Beim Nestbau werden dem Kind anstehende Veränderungen noch einmal deutlich. Plötzlich ziehen da ein kleines Bett, ein Wickeltisch und kleine, winzige Sachen ein.

Hier können wir das große Kind sehr bewusst auf die anstehenden Veränderungen vorbereiten, hier können wir aber auch schnell verunsichern. Denn bereits jetzt geht es schon um Meins und Deins.

Die Einladung, beim Nestbau mitzuhelfen, sollte unbedingt eine Einladung bleiben. Kinder, die wenig Interesse daran zeigen oder den Wickeltisch, den Stubenwagen oder das kleine Beistellbettchen argwöhnisch betrachten, sollen nicht das Gefühl bekommen, sie hätten hier gewisse Aufgaben zu erfüllen. Es ist ausreichend, wenn wir diese Vorbereitungen dann selbständig treffen und nur erklären, was wir tun: „Hier wird das Baby dann schlafen."

Andere Kinder wollen hingegen sofort mithelfen oder bestehen darauf, dass das Baby bei ihnen im Bett schläft. Alles ist in Ordnung, denn wenn das Baby da ist, ändern sich diese Meinungen und Vorstellungen der Kinder noch rapide und häufig. „Er freut sich schon so auf seine Schwester!" - das ist keine Garantie dafür, dass die Geschwister sich sofort innig lieben werden. Dagegen sind stille Beobachtungen und Desinteresse kein Zeichen dafür, dass wir mit akuter Eifersucht rechnen müssen. Wir müssen aber auch nichts unternehmen, um das Kind besser vorzubereiten. Wichtig ist, dass die Kinder so akzeptiert werden, wie sie sind. Mit all ihren Gefühlen und Emotionen.

Darüber hinaus sollten wir bedenken, dass viele Dinge, die das Baby bekommen soll, einmal dem großen Kind gehört haben. Spielsachen und Kleidung für das Baby sollten nicht automatisch genommen und umgeräumt werden. Oft sind Kinder eher bereit, wenn sie gefragt werden, ob sie gewisse Dinge hergeben wollen beziehungsweise fühlen sie sich in die Situation einbezogener, wenn wir sie daran teilhaben lassen. „Schau, das waren einmal die Dinge, die du getragen hast als Baby. Die wird deine Schwester / dein Bruder dann tragen."

Wenn ein Kind hier rebelliert und die eigentlich viel zu kleinen Dinge behalten will, ist es hilfreich, ihm verständnisvoll entgegen zu kommen: „Der Pulli ist dir noch wichtig? Dann lasse ich ihn dir noch." Oft sind die Kinder später dann eher bereit, etwas weiterzugeben. Fragen wie „Was davon kannst du denn für das Baby hergeben?" oder „Brauchst du das wirklich noch?" sollten auch unbedingt in Bezug auf Spielsachen gestellt werden.

Ein Kind ist eher bereit seine Dinge weiterzugeben, wenn es das freiwillig tun darf.

Wenn wir ehrlich sind, braucht ein Kind bis zum Alter von ungefähr sechs Monaten überhaupt keine Spielsachen. Also können wir die Dinge getrost noch eine Weile dem großen Kind lassen und Schritt für Schritt an das Baby weitergeben, wenn sein großer Bruder / seine große Schwester dazu bereit ist.

Mutter und Vater einmal mehr

Ein Kind verändert eine Paarbeziehung auf vielerlei Ebenen. Es dauert eine Zeit, bis jeder an seinem Platz angekommen ist und sich der Alltag und das Leben zu dritt eingespielt haben. Es dauert auch seine Zeit, bis wir Eltern uns wieder als Paar sehen und nicht mehr nur als Mutter und Vater. Manchmal braucht das auch etwas Anstrengung, Geduld und Dranbleiben. Und nun begeben wir uns erneut in dieses Abenteuer.

Mutter und Baby gehen zuerst eine enge Beziehung in diesem neuen Gefüge ein. Noch bevor das Baby geboren ist, hat es im Kopf der Mutter schon seine Stellung. Für die anderen beiden Familienmitglieder ist das zu diesem Zeitpunkt noch etwas ungreifbar und fern. Daher ist es für sie wertvoll, ihre Beziehung zueinander zu vertiefen. Denn sie sind von nun an einige Zeit enger zusammen. Die Aufgabe des Vaters ist hierbei, die Aufmerksamkeit großteils auf das ältere Kind zu lenken. Denn er hat die Möglichkeit dazu. Er ist in seinem Tun freier als die Mutter, die – erst schwanger, dann mit dem Baby – oft sehr stark gebunden ist. Er kann auf die Bedürfnisse des älteren Kindes leichter eingehen. Die Mutter hingegen ist hier besonders im Loslassen gefordert. Sie darf die beiden ruhig etwas sich selbst überlassen, darf deren innigere Beziehung begrüßen und sich auf das Neue einlassen.

Aber auch die Eltern werden in ihrer Paarbeziehung wieder einmal durchgeschüttelt. Was wir uns an Aufteilung und

Alltagsorganisation im Elternsein erarbeitet haben, wird sich nun mit jedem weiteren Kind wieder grundlegend ändern. Was wir uns allmählich wieder näher gerückt haben, wird nun erneut aufgeteilt. Es gibt nicht mehr nur ein „Übernimm Du jetzt mal", sondern es muss vielleicht geklärt werden, wer wann welches Kind übernimmt oder für welche Aufgaben zuständig ist. Die Nächte sind nicht mehr ein „Einer schläft und ruht, einer wacht", sondern oft braucht es beide wach, was das Schlafdefizit im Haus verdoppelt. Wir sind als Eltern jetzt noch gefragter, werden noch mehr gefordert und müssen uns unsere Zweisamkeit erneut und noch vehementer erarbeiten. Es wird wieder eine gewisse Zeit dauern, bis diese ihren Platz findet.

Das klingt sehr dramatisch und besorgniserregend – ist es aber nicht, wenn man sich dessen bewusst ist. Wir erschrecken oft, weil wir die Realität lange verdrängt haben und hoffen, dass das schon alles irgendwie wird. Bis zu einem gewissen Punkt ist das auch gesund, denn sich immer mit den schlimmsten Szenarien zu befassen, sorgt uns unnötig, kann die Probleme erst recht herbeirufen und uns sehr viel Energie abverlangen. Die bevorstehende Herausforderung aber komplett zu ignorieren, ist auch nicht hilfreich. Sinnvoll ist der Weg der Mitte.

Dass sich viele Paare mit diesen Themen befassen, sehe ich daran, dass die meisten bereits während der Zeit der zweiten Schwangerschaft strudeln. Sie haben eben diese Sorgen, ob sie das Leben und den Alltag mit einem zweiten Kind bewältigen können, ob sie beiden Kindern und dabei sich selbst gerecht werden. Ob sie das als Paar überstehen.

Wichtig ist hier Offenheit und Ehrlichkeit sich selbst und dem Partner gegenüber. Das setzt natürlich ein gewisses Vertrauen voraus. Ich muss mich sicher dabei fühlen, meine Gedanken, Ängste und Sorgen äußern zu können. Dazu wiederum gehört als Basis eine gute Kommunikationsbereitschaft.

Vor allem in Zeiten großer Veränderungen sind Offenheit und Ehrlichkeit auch in der Partnerschaft sehr wichtig.

Der Ansatz der Zwiegespräche nach Michael Lukas Möller kann hier eine sehr hilfreiche Methode sein. Sie gibt vor, dass sich ein Paar einmal die Woche zusammensetzt und jeder fünfundvierzig Minuten zum Reden bekommt. Dabei hört der andere nur zu, darf lediglich Verständnisfragen stellen, aber nichts kommentieren. Dreißig Minuten redet jeder jeweils über sein Befinden. Wie geht es mir gerade? Was beschäftigt mich? Was ist los in meinem Leben? Nach diesen dreißig Minuten ist der andere an der Reihe. Auch er redet über sich, geht aber nicht auf das Gesagte des anderen ein. Es ist kein Dialog. Es ist ein Zwiegespräch.

Nachdem beide dreißig Minuten über ihr Befinden, über sich selbst geredet haben, redet jeder noch einmal fünfzehn Minuten über die Beziehung. Wie geht es mir in unserer Beziehung? Wie fühle ich mich mit dir und mit uns?

Bei dieser Form der Kommunikation ist man gefordert, sich mit sich selbst und seinem Befinden auseinanderzusetzen und dieses auch laut auszusprechen. Dabei bekommen die Dinge Namen und Formen. Sie werden sichtbar und schlummern nicht mehr nur still in unserem Inneren. Gleichzeitig lernt man, dem anderen zuzuhören, ohne dabei zu bewerten, zu beurteilen und mit voreiligen Gedanken zu kommentieren.

Man lernt, wie es dem anderen wirklich geht und was ihn bewegt. So erfährt man, was der andere im Moment wirklich braucht und ist sich sicher, dass er das auch von einem selbst weiß.

Wird dieses Zwiegespräch regelmäßig, also wöchentlich geführt, so ist die restliche Woche etwas entstresst. Man weiß ja, dass man gewisse Dinge zu diesem bestimmten Zeitpunkt erwähnen kann. Man muss sie nicht mehr zwischen Tür und Angel oder – was sehr gefährlich ist – gar nicht ansprechen. Vor allem im Alltag mit Kindern ist diese Methode sehr hilfreich, da uns da oft Zeit und Energie fehlen, um uns ausgiebig und ernsthaft über unsere Befindlichkeiten zu unterhalten. Ein fixer Termin, sozusagen ein wöchentliches Date mit dem Partner, kann das ermöglichen. Man muss dafür nicht ausgehen und benötigt auch keinen Babysitter. Es kostet kein Geld und keine Organisation. Schlichtweg die Bereitschaft dazu ist erforderlich.

Die Routine, dass es regelmässig Zeit zum Reden gibt, in der nichts anderes wichtiger ist, kann Sicherheit geben. Wenn wir nicht kommunizieren, nicht reden können, dann können wir nur schwer wissen, was in unserem Partner vorgeht und so auch keine erfüllende Beziehung auf all ihren Ebenen führen.

Ganz besonders gilt das für die jeweiligen Erwartungen. Wie in jeder Paarbeziehung ist es höchst fatal, diese nicht auszusprechen, sondern sie stumm dem Gegenüber vorzuhalten. Diese Erwartungen sind aber vor allem im Leben mit Kindern noch wesentlicher, uns persönlich oft noch wichtiger. Mit zwei Kindern muss noch mehr abgesprochen, organisiert, aufgeteilt und bedacht werden.

Realistische Erwartungen hier klar zu äußern, ist ein wesentlicher Punkt, um gemeinsam gut und krisenfrei durch das anstehende Abenteuer zu schiffen.

Übung:

Setze Dich mit Deinem Partner / Deiner Partnerin für ein Minizwiegespräch zusammen. Jede/r von Euch redet für fünf Minuten darüber, wie es ihm mit der jetzigen Situation geht. Der andere hört nur zu, reagiert nicht, bewertet nicht, beurteilt nicht. Dann wird getauscht.

Es geht dabei darum zu lernen, von sich zu reden, ohne dass unser Gegenüber dazwischenredet, uns stattdessen zuhört. Das fördert das Verstehen, Verstandenwerden, das Zuhören und auch das Ein- und Mitfühlen. Versucht diese Minizwiegespräche öfter abzuhalten, regelmäßiger. Und wenn es Euch gelingt, dann weitet die Zeit immer mehr aus. Vergesst dabei nicht: Das ist keine Aufgabe, keine lästige Übung. Das ist Eure wertvolle Zeit, in der Ihr Euch um Euer „Wir" kümmert. Um das „Wir", das die Basis Eures gesamten Familienlebens ist. Das Fundament, auf dem das Haus sicher stehen und jedem stürmischen Wetter standhalten kann.

Zum dritten, vierten, ... Mal schwanger

Auch mit jeder weiteren Schwangerschaft ist es wichtig zu beachten, wie sie das Gefüge, das System Familie verändern wird. Denn nur, weil ein Kind bereits einmal durch das Abenteuer eines neuen Geschwisterkindes gewandert ist, heißt das nicht, dass es das ein zweites Mal problemlos meistert. Die Konstellationen verändern sich wieder, Beziehungen erneuern sich, vertiefen sich, erleben Tiefschläge. Plätze werden getauscht, neu gesucht und manchmal lange nicht gefunden. Wir haben natürlich mehr Erfahrungen und womöglich auch eine gewisse Gelassenheit. Aber wir dürfen uns nicht darauf ausruhen. Wir dürfen nicht annehmen, dass uns das vor neuen Problemen bewahrt und neue Herausforderungen mildert.

Wichtig ist außerdem, dass wir die bereits bestehende Geschwisterbeziehung nicht zum Vorbild nehmen. Sie allein wird sich mit der Ankunft eines dritten Kindes verändern. Darüber hinaus darf dieses neue Wesen seine ganz eigenen und zu jedem Kind individuellen Beziehungen aufbauen. Unsere Aufgabe ist es wieder einmal nur, wachsam zu sein, zu beobachten und das Neue wachsen zu lassen.

Übung:
Was hat sich beim letzten Mal sehr verändert? Was ist Dir besonders
in Erinnerung geblieben? Worauf könntest Du dieses Mal besonders
achten?

Geburt einer Geschwisterbeziehung

Geh
lass mich
in Ruhe und
doch nie allein im
Leben
- Nadine Hilmar

Blind Date - die erste Begegnung

Wann auch immer ein Kind sein kleines Geschwisterchen zum ersten Mal trifft - ob direkt nach der Hausgeburt daheim, ob wenige Stunden später im Krankenhaus oder ein paar Tage später -, es hilft, die Erwartungen komplett auf Null zu fahren. Es gibt Kinder, die freuen sich sehr, ihre Eltern wiederzusehen, aber fürchten die Begegnung mit dem Neugeborenen. Sie wissen nicht, wie sie sich verhalten sollen, was von ihnen erwartet wird, was sie dürfen und was nicht. Die Geschwisterbeziehung wird mit dieser ersten Begegnung geboren. Wenn wir nichts erwarten, sondern nur zulassen, legen wir den Grundstein für alles Weitere. Gleichzeitig sagt diese erste Begegnung nichts über die zukünftige Beziehung der Kinder miteinander aus.

Es ist darüber hinaus hilfreich, das Neugeborene dem Vater zu übergeben, damit die erste Begegnung mit der Mutter nach der Geburt nicht direkt durch das Baby „blockiert" ist. Es geht hier gar nicht darum, das Baby zu verstecken oder zur Seite zu geben. Es geht darum, dem älteren Kind das Hineinwachsen in diese neue Situation zu erleichtern.

All das muss natürlich kein Problem sein. Es gibt überaus euphorische, freudige und begeisterte große Geschwister. Das liegt ganz in ihrer eigenen Natur und es ist wichtig, das anzunehmen, was sein wird. Besonders kleine Kinder finden womöglich so ein Krankenzimmer wesentlich spannender als ein kleines schlafendes Baby, das nicht — wie erwartet — fröhlich lacht und mit ihnen spielen will.

Die Geschwisterbeziehung ist eine, die — vor allem in den

ersten Jahren – stetig wächst. Die man weder erzwingen noch künstlich erzeugen kann. Sie wird geboren, wächst und wird getragen von dem, was wir lassen und zulassen – und kann so die längste Beziehung unseres Lebens werden. Ihr Zeit und Raum zu geben, ist das erste Geschenk, das wir als Eltern unseren Kindern machen können.

Übung:

Überlege Dir vor der Geburt, wann und von wem begleitet Dein Kind seine Schwester / seinen Bruder sehen wird. Wie kannst Du diese Begegnung bestmöglich vorbereiten?

Wo ist mein Platz?

Die ersten Tage und Wochen mit dem Baby sind – wie schon beim ersten Kind – ein reines Kennenlernen. Wer bist du? Wie schaust du aus? Wo ist dein Platz und noch wichtiger: Wo ist meiner?

Und genauso wie damals ist auch jetzt das System Familie komplett durcheinander gerüttelt. Niemand steht mehr am selben Platz. Die Aufgaben werden neu verteilt und die gegenseitige Aufmerksamkeit wird neu gemischt.

Mütter sind im Wochenbett oft speziell gefordert. Der Hormontaumel sorgt für emotionales Chaos. Da ist das kleine Baby, das Nähe, Zuneigung und Nahrung braucht. Und da ist unser älteres Kind, plötzlich so viel größer, so neu. Dennoch braucht es uns, sucht uns und kann seine Gefühle nur schwer begreifen. Beiden Kindern hier gerecht zu werden, ist schwer und geht nur mit kräftiger Unterstützung des Partners oder der Familie.

Es ist hilfreich, anzunehmen und zu akzeptieren: Ich kann gerade nur so viel und nicht mehr. Ich kann mich nicht verdoppeln, so, wie sich meine Liebe verdoppelt hat. Ich habe nur zwei Arme, nur einen Körper und nur eine begrenzte Menge an Kraft und Energie. Das ältere Kind häufiger dem Partner oder anderen bekannten, liebevollen Bezugspersonen zu überlassen, fällt schwer, ist aber wertvoller, als beiden Kindern allein zu früh und aus einem inneren, teilweise viel zu hohen Anspruch heraus, gerecht werden zu wollen.

Die Zeit wird kommen, wenn sich allmählich ein Rhythmus

einspielt, wenn wir körperlich wieder bei Kräften sind, wenn das kleine Kind ein Warten aushalten kann.

Viele Mütter leiden darunter, dass sie den Kontakt zu ihren älteren Kindern hier vorübergehend zu verlieren scheinen. Dass sie gewisse Momente nicht miterleben können, weil sie daheim sind mit dem Baby. Es ist nun der Papa, der viel Aufmerksamkeit schenkt und entsprechend viel dafür erntet. Oder die Oma, die Freundin, der Onkel. Egal wer – Mütter leiden schnell darunter, nicht die Nummer eins im Leben der Kinder zu sein. Das ist eine Laune der Natur, die man als eine Übung im Loslassen annehmen darf.

Dieses Loslassen kann, vor allem in der Situation, sehr hilfreich und nährend für die weitere Mutter-Kind-Beziehung sein.

> Grenzen zu wahren und Loszulassen sind wesentliche Übungen einer Zwei-, Drei- oder Vierfachmutter im Wochenbett.

Denn eine gute Mutter, wie wir sie oft sein wollen, ist eine, die auch auf sich selbst Acht gibt. Die sich nicht übernimmt und strudelt, um ihre Kinder und ihre Bedürfnisse unter einen Hut zu quetschen. Die sich nicht selbst vernachlässigt oder komplett verausgabt. Sie ist darüber hinaus eine authentische Mutter, eine, die ehrlich ihre Grenzen erkennt und vermittelt.

Dieses Loslassen bedeutet keine Komplettaufgabe des älteren Kindes. Es bedeutet das Annehmen von Hilfe und von Möglichkeiten, ihm so eine qualitativ viel wertvollere Aufmerksamkeit und Gesellschaft zu schenken, als wir es selbst für eine Weile bieten können. Und auch anzunehmen, dass wir zur Zeit nicht immer in der Lage sind, diese zu geben – nd dass das so sein darf.

Früher hat ein ganzes Dorf ein Kind aufgezogen. Da gab es eine ganze Siedlung, die ein Kind aufgefangen hat, wenn die Mutter mit dem neuen Baby beschäftigt war. Heute sind wir allein mit unseren Kindern. Der Partner – wenn es einen gibt – geht arbeiten, die Familie wohnt weit weg. Wir glauben oft, dass das nun mal so ist und wir das also allein irgendwie schaffen müssen. Aber genau das müssen wir nicht. Wir dürfen uns unser Dorf suchen.

Oft suchen Mütter recht bald schon verzweifelt nach Möglichkeiten, mit dem älteren Kind wieder häufiger gemeinsame Exklusivzeit zu verbringen. Ein regelmäßiger Spielplatzbesuch, abendliches Zubettbringen, Kuschelzeit am Nachmittag. Doch häufig scheitern diese Vorhaben, wenn der Rhythmus des Babys einmal mehr alles über den Haufen wirft. Ja, in Fixpunkt am Tag kann hilfreich sein. Er kann dem älteren Kind Orientierung bieten. Aber wenn dieser Moment in Stress ausartet, dann ist das für keinen eine unbeschwert freudige Zeit.

Nach dem Loslassen dürfen wir vertrauen. Vertrauen darauf, dass diese gemeinsame Zeit wiederkehrt. Dass diese Momente wiederkehren. Dass sie wieder häufiger werden und freudiger. Natürlicher und spontaner. Wir dürfen darauf vertrauen, dass unsere Beziehung zum Kind nicht zerstört, sondern nur einmal kräftig durchgerüttelt ist. Dass sie daran aber auch wächst und reift. Und wir dürfen darauf vertrauen, dass unsere Kinder uns bedingungslos lieben. Immer.

Wenn wir das auch tun. Immer. Und diese bedingungslose Liebe basiert nicht auf zwanghaft erzeugten gemeinsamen Aktivitäten, sondern auf der Leichtigkeit des Moments, der entsteht, wenn wir ihn erkennen, sehen und zulassen.

Ein gemeinsames Lachen beim Abendessen, das Entdecken und Beobachten einer Fliege am Fenster, das geduldige Zuhören ihrer Erlebnisse sind so viel mehr wert, als ein großer besonderer Ausflug. Kinder nähren sich an den kleinen Dingen, sie haben noch nicht verlernt, diese ebenfalls als besonders zu erleben. Und genau dieses kindliche Vertrauen ins Leben können wir jetzt für uns und unsere Beziehung mit ihm nutzen.

Ich habe am Anfang sehr gekämpft damit, meinen Sohn oft meinem Mann überlassen zu müssen. Einmal mehr das Bettgehritual unterbrechen zu müssen, weil meine Tochter nach mir schrie. Es hat mir das Herz gebrochen, meinen Sohn weinen zu sehen. Ich wusste, dass er das schaffen würde, dass mein Mann ihn gut auffangen würde und meine Tochter, so klein und unständig, mich einfach noch mehr brauchte. Es hat bei uns allen viele Tränen gegeben. Einige Jahre später habe ich dann dieses Gedicht geschrieben.

Großer Bruder

Groß und neu
Stehst Du vor mir
Wut, Trauer, Angst und Schmerz.
Du tobst.
Du schreist.
Du weinst
und schluckst.
Suchst mich,
brauchst mich,
fürchtest Dich.

Ich habe keine Kraft.
Die Arme schwach
und mein Herz zerrissen
von der Liebe in meiner Brust,
die so neu
so unschuldig
nach mir verlangt.
Suche
und spüre
die Liebe zu Dir.
Weiß sie
und kann sie nicht geben

Fühle Wut, Trauer, Angst und Schmerz.
Tobe.
Schrei.
Weine
und schlucke viel.
Ich suche Dich
brauche Dich
und fürchte mich
vor jedem neuen Tag.

Du verstehst nicht.
Weißt nicht.
Siehst nur das Nicht,
das Dich jetzt nährt.

Ich warte
dass die Zeit,
die Hoffnung,
das Vertrauen
es schaffen,
uns wiederzufinden
bevor ein Flicken auf dem Herz
für immer Narben hinterlässt.
Verzeih mir
und habe Geduld.
Ich liebe Dich.

Übung im Loslassen:
Kommt eine junge Frau zum Meister.
Sagt: Meister, mein Leben ist so schwer,
ich will nur noch weinen
und der Himmel ist so grausam schwarz.
Antwortet der Meister:
Das geht vorbei.

Kommt eine junge Frau zum Meister, dieselbe junge Frau, derselbe
Meister, einen Monat später.
Sagt: Meister, mein Leben ist so leicht,
ich könnte die Welt umarmen
und der Himmel strahlt so schön blau.
Antwortet der Meister:
Das geht vorbei.

Wann auch immer der Alltag, das Leben mit zwei oder mehreren
Kindern Dich sehr fordert, Du das Gefühl hast, zu wenig hier oder zu
wenig da sein zu können, erinnere Dich: Das geht vorbei. Es kommen
wieder bessere Zeiten. So banal wie das klingt, so wahr ist es. Versuche
den Moment so anzunehmen, wie er ist. Was fühlst Du? Wo fühlst
Du das? Und lass diese Gefühle zu, nimm sie an als Teil von Dir.

Eins und Zwei. Erst Du, dann Du.

Wir haben uns in eine wunderbare, glückliche Familie eingelebt. Jeder hat seinen Platz gefunden. Unser Kind hat uns gut kennengelernt. Und wir unser Kind. Eine vertraute Umgebung für uns alle drei. Wir kennen unsere Bedürfnisse recht gut und wenn nicht, dann wissen wir meistens, wie wir sie äußern können, damit sie respektiert und berücksichtigt werden. Auch unser Kind weiß das. Nicht immer, aber oft. Es hat seine Stelle, die keinen Namen hat, weil sie keinen Namen braucht. Weil sonst niemand da ist.

Und plötzlich wird alles anders. Plötzlich ist da noch jemand. Und auch wenn es nur zwei Kinder sind, so ist es wichtig, ihnen so etwas wie eine Rangfolge einzuräumen. Keine, die ihnen ein Schild umhängt oder sie in eine Schublade steckt. Nur eine, die ihnen klar vermittelt, wo in diesem Gefüge sie stehen. Und das ist für das erste Kind klar die Nummer eins, für das zweite Kind die zwei. Denn unser zweites Kind wird in eine Familie geboren, in dem schon jemand einen großen Platz eingenommen hat. Es hat also kein Problem damit, den Rang zwei zu bekommen. Es kennt nichts anderes, es war nie die „Nummer eins". Wir brauchen da auch gar kein schlechtes Gewissen haben, denn das zweite Kind hat nie etwas anderes erlebt und wird diese Rolle dankbar annehmen.

Unser erstes Kind hingegen fühlt sich schnell von seinem Platz gedrängt. Weil da nun noch jemand ist, mit unzähligen Bedürfnissen. Es ist von daher sehr wichtig, ihm diesen ersten Platz zuzusprechen. Ihm zu versichern, dass es ihn innehat. Weil es nun mal zuerst da war.

Das heißt nicht, dass das ältere Kind immer bevorzugt und das Baby vernachlässigt wird. Sicher gibt es, vor allem am Anfang, Situationen, in denen das Baby Vorrang hat. Zum Beispiel kann es nicht aufs Essen warten, bis sein älterer Bruder genüsslich seine zwei Brote verspeist hat. Gerade deshalb ist es hilfreich, diese Rangfolge im Hinterkopf zu bewahren und in den Situationen, in denen es uns möglich ist, Nummer eins den Vorrang zu geben. Und das auch deutlich zu sagen, wenn wir zum Beispiel dem Baby vermitteln wollen: "Ich weiß, dass du eine neue Windel brauchst. Ich werde jetzt erst deinem Bruder beim Umziehen helfen. Dann bin ich für dich da."

Das ältere Kind hört und erfährt, dass es Vorrang hat. Es fühlt sich an seinem „rechten" Platz. Diese Rangfolge wird sich sehr schnell einspielen, so dass man gar nicht mehr bewusst darauf achtet, sondern sie unbewusst in den Lebensalltag einfließen lässt. Es ist eine ganz einfache, aber wichtige Möglichkeit, unserem ersten Kind zu zeigen, dass wir es sehen und wahrnehmen, und dass es uns nicht unwichtiger geworden ist. Dass wir es noch immer so lieben wie vorher.

Eine Rangfolge kann dem älteren Kind Hilfe und Unterstützung darin sein seinen neuen Platz zu finden.

Mit einem dritten, vierten, fünften Kind wird das nun immer schwieriger. Aber die Situationen, in denen eine Rangfolge wichtig ist, werden weniger. Außerdem sind bei vielen Kindern auch schön größere / ältere dabei. Viele Dinge kann man mit ihnen besprechen und aushandeln. Sie sind einsichtiger. Und weil sie sich bisher ihrer Stelle sicher sein konnten, können sie auch nun einmal sagen: „Ok, du darfst heute zuerst…"

Generell ist das eine gute Möglichkeit, mit Kindern Konflikte in der Familie zu lösen. „Was meint ihr, wie können wir das in Zukunft besser lösen?" Kinder haben da erstaunlich gute Ideen und Vorschläge, die man so gemeinsam besprechen kann.

Unsere Kinder haben im Zuge des Abendablaufs begonnen, kurze Serien zu schauen. Jeder hatte eine bevorzugte Serie. Oft gab es Streit, welche sie zuerst schauen, wer wo sitzt, wer wann das Tablet halten darf. Und meist wurde es auch spät, so dass wir irgendwann das Schauen unterbrachen, weil sie viel zu müde nur noch wild und laut stritten, was immer zu Tränen und teils heftigen Wutausbrüchen bei den Kindern führte. Eines Tages sagte ich also: „Ich mag das so nicht mehr, ich möchte, dass wir da was ändern." Und nach kurzer Überlegung schlugen die Kinder vor, dass sie einen Tag die eine Serie und am nächsten die andere schauen würden. Dann müssten sie nicht streiten was sie zuerst schauen würden. Dass sie damit ihre Fernsehzeit selbst verkürzt hatten, war ihnen scheinbar nicht bewusst und auch nicht wichtig. Und ich war zufrieden, weil so endlich eine geregelte Ruhe einkehrte, die jeden Tag klar war.

Viele Kinder haben natürlich auch viel zu erzählen. Viele Kinder wollen oft gleichzeitig etwas von uns als Eltern. Wollen jetzt mit uns kuscheln, uns jetzt etwas zeigen, uns jetzt für sich haben. Wenn alle gleichzeitig zu sprechen beginnen, können keine Gespräche entstehen. Wenn alle im selben Moment auf unseren Schoß wollen, brechen wir zusammen. Wenn alle Kinder gleichzeitig etwas von uns brauchen, dann werden wir für keinen ganz da sein können. Wir müssen uns hier auf keine strikte Reihenfolge einigen, wir müssen nicht jeden Abend immer das gleiche Kind als erstes und das gleiche Kind als letztes ins Bett bringen. Wir können gemeinsam Wege finden, dass hier alle zufrieden sind und ihre Bedürfnisse als erfüllt wahrnehmen. Das geht am besten, wenn wir mit den Kindern gemeinsam besprechen, wie wir das lösen können.

Übung:
Wie kann sich eine bestimmte Rangfolge auf Eure Situation positiv auswirken? In welchen Situationen kann Sie hilfreich sein?

Geheimnisvolle Geschwisterkonstellation

Jedes Kind ist anders.
Jeden Tag.
- Lienhard Valentin

Die unterschiedlichen Konstellationen

Mein Bruder war neunzehn Jahre alt, als er starb. Ich lebe nun bereits doppelt so lange wie er, dennoch ist er mein großer Bruder. Er ist in gewisser Hinsicht ein Vorbild. Sein Ehrgeiz, sein Wille und sein bewusstes Streben nach selbst gesetzten Zielen leitet mich noch heute auf meinem Weg. Ich kann mir noch so oft einreden, dass er ein Teenager war, als er starb. Dass er jung und unerfahren war, deshalb vielleicht auch übermütig das Auto viel zu schnell über die nasse Fahrbahn jagte. Dass einige seiner damaligen Ansichten haarsträubend waren. Aber egal was ich tue und was ich versuche, mir bewusst zu machen: Er ist und bleibt mein großer Bruder.

Jedes Kind ist individuell und in seiner Art besonders. Das ist uns bekannt, warum also sollte es uns interessieren, was einen Erstgeborenen auszeichnet, was an einem Mittelkind besonders und anders ist als an einem Letztgeborenen?
Ich habe das eine Weile auch gedacht und mich nicht sehr intensiv damit beschäftigt. Doch mit dem dritten Kind fand ich diese Thematik plötzlich spannend. Denn nun hatte ich ein solches, besonderes Mittelkind. Wie besonders, das hatte ich nicht geahnt. Und der Große war plötzlich der Größte und über Nacht scheinabr noch einmal mehr gewachsen. Der Kleine war der Kleinste und damit in seiner Winzigkeit nochmal besonders. Alles hatte sich neu verschoben. Alles war anders und doch ein wenig wie vorher. Also begann ich Bücher zu wälzen zu dem Thema. Und merkte:
Es hilft mir. Es hilft mir, die Kinder besser zu verstehen. Es hilft mir, ihr Verhalten besser zuordnen zu können. Und letztendlich kann ich sie dadurch auch viel besser begleiten,

kann ihre Position, ihre Rolle hier in dem Gefüge ein wenig besser nachvollziehen und sie hin und wieder unter einem weiteren Aspekt betrachten, als dem ihrer Einzigartigkeit.

Erstgeborene

Unsere „Großen" haben eine besondere Stellung, weil sie erst Einzelkinder waren und dann plötzlich Geschwisterkinder wurden.

Nur hilft es ihnen nicht, sie immer als die „armen Kinder", die vom Thron gestoßen wurden, zu betrachten. Vielmehr ist es sinnvoll, darauf zu schauen, was es aus ihnen gemacht hat.

Erstgeborene schauen sehr oft nach oben auf die Erwachsenen. Sie sind ihre einzige Orientierung, weil sie selbst lange Zeit keine Kinder in der Familie um sich herum hatten. Das behalten sie dann auch bei, wenn sie Geschwister bekommen. Sie leben die Rolle des älteren Bruders oder der älteren Schwester wohlwollend aus und richten sich selbst immer wieder nach den Erwachsenen, orientieren sich an ihnen.

Erstgeborene tragen aber auch eine ganz besondere, mal kleine, mal große Last. Sie sind das erste Kind und damit eine Art Versuchskaninchen der Eltern. An ihnen wird viel ausprobiert, was mit den Geschwistern dann schon als Erfahrung gelebt wird. Gleichzeitig ist alles, was sie tun, sehr bedeutsam und wesentlich, weil es für die gesamte Familie das erste Mal ist. Der erste Besuch auf dem Topf, der erste Fahrradsturz, der erste Wackelzahn, der erste Tag im Kindergarten und so weiter. Jedes ihrer ersten Male ist ein erstes Mal für die gesamte Familie. Sie erfahren dadurch in ihrem Leben immer mal wieder mehr Bedeutung als ihre Geschwister.

> Erstgeborene orientieren sich häufig an den Erwachsenen und leben die Rolle der „Großen" gern aus..

Aus diesen Erfahrungen heraus sind Erstgeborene oft sehr ernsthaft und gewissenhaft, geben selbst allem viel Bedeutung und sind sehr verantwortungsbewusst. Sie gelten häufig als zuverlässig und sind nicht selten sehr gut in der Schule. Denn sie bekommen für all das noch sehr viel Aufmerksamkeit und Wertschätzung, Lob und Zuspruch.

Erstgeborene sind oft sozusagen „kleine Erwachsene", weil sie sich sehr an ihnen orientieren. Sie sind es gewohnt, ihre Eltern mit dem, was sie tun zu begeistern und erhalten noch viel Zuspruch und Motivation. Davon scheinen sie ihr ganzes Leben angetrieben zu sein.

Mittelkinder

Sie haben von allen Kindern einer Familie die speziellste Stellung. Sie sind mittendrin, dennoch oft ungesehen. Sie sind für vieles noch zu klein und für alles andere schon zu groß. Sie laufen häufig mit oder rutschen irgendwo durch. Wenn der Fokus auf dem Großen liegt und dann der Kleine schreit, dann ist alle Aufmerksamkeit aufgebraucht und die Mittlere spürt das, weiß das, nimmt das wahr. Mal leise, mal laut. Je nach ihrem Naturell.

Mittelkinder müssen deshalb ihre ganz eigenen Wege und Strategien entwickeln, sich im Familiengefüge zu behaupten und das zu bekommen, was sie brauchen.

Das klingt jetzt dramatisch, aber wenn man diese spezielle Situation im Kopf hat und im Auge behält, dann kann man auch diese Kinder gut begleiten. Es gilt hier immer wieder hinzuschauen: Was braucht mein Kind jetzt? Wie kann ich es im Moment gut begleiten?

> Mittelkinder suchen oft besonders lange nach „ihrem Platz" in der Familie.

Was Mittelkinder ausmacht, ist ihre Andersartigkeit. Sie sind oft ganz anders als die älteren Geschwister. Sie verbringen mehr Zeit mit Gleichaltrigen und Gleichgesinnten und orientieren sich an diesen anstatt an den Erwachsenen. Sie fühlen sich nie als „etwas Besonderes" und versuchen dadurch, eine ganz eigene Einzigartigkeit zu leben. Auf ihre Weise. Und weil sie eben damit ihre eigenen Strategien entwickeln, sind sie auch später Menschen, die wenig um Hilfe bitten und sich ganz gut selbst verstehen und selbst „behandeln" können, wenn sie etwas brauchen.

Diese Mittelkinder sind oft voller Geheimnisse und leben so ganz in ihrer eigenen Welt, die wir als Eltern nicht immer verstehen können oder wollen. Sie sind sogenannte Freigeister, haben ihren ganz eigenen Kopf. Mit Gleichaltrigen sind sie oft sehr gesellig und kontaktfreudig.

Aus ihrer Rolle in der Familie heraus sind sie gute

Diplomaten, weil sie es gewohnt sind, zwischen den älteren und den jüngeren zu vermitteln, Positionen zu verteidigen, den eigenen Platz zu suchen und zu finden. Damit sind Mittelkinder häufig besser aufs Leben vorbereitet und schneller selbstständig.

Nicht selten verlassen Mittelkinder auch schneller das Elternhaus und gehen ihren eigenen Weg.

Letztgeborene / Nesthäkchen

Die Jüngsten haben ihre besondere Stellung im Kleinsein. Sie können das meiste noch nicht, es wird ihnen viel geholfen und sie werden oft belächelt. Und weil die älteren Geschwister schon jedes auf seine Art die Aufmerksamkeit der Eltern auf sich zieht, findet das dritte Kind wieder ganz andere und kreative Wege, das zu tun.

Als ich meinem kleinen Sohn, unserem dritten Kind, eines Tages, als er sich auf meinem Schoß nach hinten warf, in den Mund schaute, entdeckte ich vier neue Backenzähne. Ich hatte nicht mitbekommen, dass ihm die durchgebrochen waren. Das wäre mir beim ersten Kind niemals passiert.

Während es von den Letztgeborenen oft die wenigsten Fotos im Fotoalbum gibt, sind sie diejenigen, die gern im Rampenlicht stehen. Sie müssen nicht mehr besonders brav oder fleißig sein, um aufzufallen. Das erledigt die große Schwester. Sie müssen nicht mehr besonders kreativ sein oder speziell, das macht schon der große Bruder. Letztgeborene können einfach nur unterhaltsam sein, lustig und laut. Sie sind gern kleine Clowns oder Alleinunterhalter. Gern auch Charmeure. Sie rufen durch ihre Art und ihr Verhalten entweder Kopfschütteln oder Schmunzeln hervor, in jedem Fall eine Reaktion. Das lernen sie recht früh und das kosten sie aus.

Sie stehen unvermeidlich im Schatten derer, die vor ihnen geboren waren. Aber sie finden Wege, diesen Schatten hell auszuleuchten.

Gern sind die Kleinsten auch kleine Rebellen. Denn weil sie immer als die Kleinsten und Schwächsten belächelt und verhöhnt werden, keimt in ihnen irgendwann der Vorsatz auf: „Denen werd ich's schon zeigen!"

Damit sind die Letztgeborenen sehr zwiespältig.

Und so hat jedes Kind in seiner Position auch eine entsprechende Rolle. Es spielt natürlich überall Charakter und Persönlichkeit mit hinein, aber diese Geburtenfolge scheint nicht unwesentlich zu sein. Das kann uns helfen einmal mehr zu verstehen, warum Kinder aus ein- und derselben Genmasse so verschieden sein können. Und es hilft, endgültig mit den Vergleichen aufzuhören. Denn natürlich – obwohl wir wissen, wie giftig diese für die Geschwisterbeziehung sein können (siehe Kapitel Vergleiche – Gift und Medizin) und wir wirklich versuchen, sie nicht auszusprechen – sehen wir unsere Kinder manchmal an und wundern uns.

Letztendlich hilft es auch, zu erkennen, dass man sich noch so sehr abstrudeln kann, um es allen gleichermaßen recht zu machen, um fair zu sein und allen das Gleiche zu bieten – unsere Kinder sind grundverschieden und wir können ihren Weg nicht für sie stricken und knüpfen. Sie gehen ihn. Unser

Einfluss ist dabei begrenzt und wie es scheint, ist das auch gut so. Bleibt nur, ihnen jegliche Liebe und Unterstützung zu geben und das tiefe Vertrauen, dass in ihnen alles steckt, was sie brauchen. Das klingt doch wunderbar einfach, oder?

Übung:
Betrachte Deine Kinder jedes für sich unter den genannten Aspekten.
Welche Eigenheiten treffen auf sie zu, welche nicht? Und welche
positiven Eigenschaften kannst Du heute daraus für sie und vor allem
für ihr späteres Leben erkennen?

Unendlich viele Gefühle

Die Aufgabe der Umgebung ist nicht, das Kind zu formen,
sondern ihm zu erlauben, sich zu offenbaren.
- Maria Montessori

Einfach nur Eifersucht?

Das erste Jahr mit zwei Kindern hat uns hart getroffen. Mit dem Ausmaß an Eifersucht, das unser Sohn entwickelte, hatten wir so nicht gerechnet. Ganz und gar nicht gerechnet. Wir hatten uns doch so gut vorbereitet, waren bereit, anzunehmen, was kommt. Aber das, was kam, überrannte uns wie ein Güterzug. Er begann, seine Schwester zu hauen, drückte sich fest an mich, wenn ich sie im Arm hielt, und versuchte, auf jede mögliche Art und Weise, nahe an mich heranzukommen, wenn sie bei mir war. Wenn ich ihn vorsichtig bat, aufzuhören oder etwas zur Seite zu rutschen, schlug er erst recht noch einmal zu. Entweder mich oder seine Schwester. Nicht selten eskalierte die Situation, bis ich laut wurde, er mich anspuckte und wir am Ende beide weinten. Die Verzweiflung über sein Verhalten brach über mich herein wie ein Gewitter. Mir fehlten die richtigen Worte und Reaktionen für sein Handeln. Ich glaubte, es zu verstehen, aber ich fühlte mich zu gelähmt, um angemessen zu reagieren. Ich war zu müde, mich auf all das einzulassen. War zu erschöpft von allem. Bis ich eines Tages endlich die erleuchtende Erkenntnis hatte.

Womit ich gerechnet hatte, war Eifersucht. Etwas zweifelndes Schauen, ein wenig Ärger hier und da. Emotionen, von denen ich glaubte, damit umgehen zu können.
Was ich nicht bedacht hatte, waren Gefühle wie heftige Wut, tiefe Trauer, echte Verzweiflung, pure Angst. Alleinsein.
Immer, wenn er eine oder mehrere dieser Emotionen fühlte, ließ er sie an seiner Schwester oder mir aus. Unsanft. Ich versuchte, das zu stoppen. Verbal oder durch Einschreiten. Worauf noch mehr Frustration folgte. Noch mehr Ärger. Verzweiflung. Wut. Trauer. Die ganze Palette. Und all das versuchte ich immer wieder zu stoppen. Und stoppte damit ihn in seinem Sein, in dem, was er selbst nicht begreifen konnte. Ich half ihm

nicht, diese Gefühle zu leben und zu verstehen, ich erstickte sie im Keim. Ich sah nicht hinter diese Taten. Diese Wutausbrüche. Die wilden Momente. Ich sah nur diese Augenblicke und wollte, dass sie aufhörten. Bis ich erkannte, dass sie nicht aufhören konnten, wenn ich die Emotionen, die sie auslösten, nicht zulassen konnte. Dass ich immer nur stoppte und bremste. Dass nichts raus konnte, nichts die Chance hatte, aus dem System freigelassen zu werden. Weil ich nicht meinen Sohn an sich sah, sondern nur einen Moment, den ich nicht ertragen konnte. Das Hauen seiner kleinen Schwester. Das laute Schreien. Das körperliche Losgehen auf mich. Das letztendlich verzweifelte, nach unfassbaren Worten ringende und sie nicht findende Spucken.

Doch an diesem einen sonnigen Morgen, als ich meine erschöpften Augen in der Frühlingssonne schloss und meinen Gedanken folgte, da sah ich, was vorher im Nebel meiner eigenen Verzweiflung verborgen geblieben war. Ich durfte seine Gefühle nicht stoppen. Denn genau das hieß, dass ich ihn in seinem Sein stoppte. Und so konnte er nur immer wieder in dieser Spirale aus all diesen Emotionen im Kreis laufen. So konnte er sich nicht befreien. Und ich uns alle zusammen nicht.

Von da an betrachtete ich die Situationen genauer. Wenn er begann, auf seine Schwester loszugehen, hielt ich inne und explodierte nicht sofort. Ich blieb so ruhig wie die Sonnenstrahlen, die mir morgens meine Erleuchtung geschenkt hatten. „Du bist enttäuscht, weil ich jetzt deine Schwester stillen muss und nicht mit dir spielen kann." Mehr sagte ich nicht. Er nickte stumm. Er steckte seinen Daumen in seinen Mund und blieb eine Weile wortlos in meiner Nähe. Dann ging er zu seinen Autos und spielte in Ruhe weiter. Es brach mir das Herz. Nicht, weil er gerade so traurig gewesen war. Sondern weil ich so lange Zeit, so oft, nicht wirklich gesehen hatte, was in ihm los war. Dass da nicht nur Wut oder Trauer waren. Sondern eine ganz große Mischpalette an Gefühlen, die er in die Hand gedrückt bekam, als seine Schwester geboren worden *war. Oder vielleicht schon ein wenig früher. Und die er einfach nicht zu einem Bild an die Wand gemalt bekam.*

Stell Dir folgende Situation vor: Du bist eifersüchtig auf eine Kollegin/einen Kollegen Deines Partners/Deiner Partnerin. Du äußerst diese Gefühle immer wieder und Dein Partner/ Deine Partnerin reagiert immer wieder gleich, indem er/ sie Unverständnis zeigt. „Wie führst du dich denn auf? Das ist doch Blödsinn. Jetzt reiß dich mal zusammen. Du übertreibst ja total."

Wie geht es Dir mit diesen Sätzen? Gelingt es Dir, Deine Gefühle, die Eifersucht, die damit verbundene Angst einfach so zu stoppen und zu verstehen: Achso, das ist ja alles gar nicht so schlimm? Oder spürst Du allmählich Ärger aufsteigen, Wut auf den Partner/die Partnerin? Verzweiflung, weil diese/r nicht einmal genauer nachfragt, nicht einmal auf Deine Gefühle eingeht?

Die Gefühlswelt der Kinder ist ebenso reich wie die der Erwachsenen. Nur können wir unsere Gefühle (meistens) in Worte fassen, verstehen und einordnen. Unseren Kindern fällt genau das noch sehr schwer. Vor allem, wenn es mehrere Gefühle sind, die sich vermischen und zu einem Wirrwarr verschwimmen.

Diese Gefühle zu sehen, sie anzunehmen und aufzufangen, ist unsere Aufgabe. Ihnen Möglichkeiten zu geben, sie zu benennen und einzuordnen. Sie auszuleben, ohne dabei zu verletzen. Nicht mehr und nicht weniger. Das klingt vermutlich einfacher als es ist. Weil in den Emotionen unserer Kinder immer unsere eigenen reflektiert werden. Weil es uns selbst auch schwer fällt, unsere eigenen Emotionen im Zaum zu halten. Es wird uns auch nicht von Anfang an gut gelingen. Wir dürfen uns Zeit geben und geduldig sein mit uns und unseren Kindern. Dann kann uns eine liebevolle, achtsame Begleitung unserer Kinder und ihrer Beziehung zueinander gut gelingen.

Dabei ist genau dieses Sehen häufig der schwierigste Teil. Wir sehen Gewalt, wir sehen Schreien oder Toben. Wir glauben zu meinen, sie seien eben eifersüchtig und das gehöre dazu. Und wollen nun, dass sie sich an die Situation gewöhnen und zur Ruhe kommen. Was sich aber vor unserem Auge wirklich abspielt, ist ein lauter Hilfeschrei, der nicht einfach Eifersucht heißt, sondern Gefühlschaos.

„Hilf mir Mama, ich verstehe mich nicht mehr."

„Ich habe Angst um dich, du fehlst mir."

„Ich will dieses Baby nicht und am liebsten, dass alles so ist, wie es vor ein paar Tagen oder Wochen noch war."

„Ich fühle mich falsch und weiß nicht, was ich richtig machen kann."

Es ist nicht immer leicht, das anzunehmen. Gefühle, die sich gegen das Baby richten, das wir so sehr lieben, treffen uns hart. Aber je weniger wir sie zulassen, je mehr wir versuchen, sie zu unterbinden und zu stoppen, desto mehr verschließen wir hier zu schnell die Tür zu einer guten Geschwisterbeziehung von Anfang an. Und auch die Tür zu unserer Beziehung mit unserem Kind.

Darüber hinaus stecken in diesem Kind ja auch noch all die Gefühle, die es vorher schon besaß. Nicht jede Wut, jedes Schreien richtet sich automatisch gegen uns und das

Baby. Es existieren weiterhin die einfachen Gründe wie Müdigkeit oder Hunger oder Überreizung und verschiedene komplexere Gründe, die auf Entwicklungsphasen beruhen. Autonomiephase. Entwicklungsbedingte Ängste. Zahnwechsel und ähnliche. Je mehr wir sämtliche Gefühlsäußerungen auf das Baby und die Eifersucht beziehen, die wir zu erkennen meinen, desto mehr projizieren wir alles Tun und Handeln des Kindes auf das Baby. Und das schmerzt erneut. Es zeigt einmal mehr, wie sehr das Baby im Mittelpunkt steht und macht damit noch wütender, noch trauriger. Noch frustrierter. Und dreht die Spirale weiter.

Die schmale Woge zu finden, auf der man zwischen all diesen Emotionen entlang schiffen kann, die Segel rechtzeitig zu setzen, einen Sturm stark und innerlich ruhig zu überstehen, ist unglaublich schwer. Vor allem in den ersten Wochen und Monaten, in denen uns Schlafmangel, Erschöpfung, die Hormone der Mutter, die Verantwortungsgefühle des Vaters (Arbeit, Organisation des Alltags) und all das Neue lenken und beherrschen, fällt es uns schwer, den Fokus auf den Moment und das, was wirklich ist, zu richten. Wir hören Kreischen und sofort schlussfolgern wir. Wir sehen Hauen oder Beißen und urteilen.

Wichtig ist, dass wir uns selbst Geduld zugestehen. Dass wir auch mal verzweifeln dürfen, dass nicht alles verloren ist, wenn wir mal wieder nicht die Ruhe eines Seemanns haben. Dieser Weg ist für alle ein neuer und stürmischer. Die Wellen erwischen uns alle mal hier und mal da. Aber sie müssen uns nicht über Bord werfen, wenn wir uns erinnern, dass mehr hinter dem Verhalten steckt als pure Eifersucht. Was wir dazu brauchen, sind Momente zum Auftanken. Anker, die uns helfen, zu uns und ins Jetzt und Hier zurückzufinden. Ob das eine heiße Dusche ist, während unser Partner auf die Kinder schaut, oder ein Kaffee auf dem Sofa, während der Haushalt mal schläft. Oft sind gerade so kleine, wundervolle Momente wie das laute Lachen unserer Kinder, ein gemeinsam angeschautes Buch, das Betrachten unserer Kinder im Schlaf, das ganz bewusste Wahrnehmen der Stille in der Nacht wertvolle Ruheanker. Wenn wir sie als solche sehen und annehmen.

„Man kriegt so viel zurück." Das ist ein üblicher, aufbauender Spruch für verzweifelte Eltern. Doch auch wir können so viel zurückgeben, wenn wir aus diesen Momenten schöpfen und mit dieser getankten Kraft den Kindern neu, offen und liebevoll begegnen.

Manchmal bin ich ausgeflippt, wenn mein Sohn sich meiner Tochter (in meinen Augen) etwas zu wild näherte. Da fuhr ich ihn schon an, wollte ihn stoppen. Ein lautes Aufeinanderkrachen, das hin und wieder vermeidbar gewesen wäre. Denn als ich endlich begonnen hatte, innezuhalten und den Moment abzuwarten, habe ich erkannt, dass er sich oft nur nähern wollte, um mit ihr Kontakt aufzunehmen, sie kennenzulernen. Fragen stellte wie „Wer bist du? Kann ich dich mögen?" Auf seine Art. Da habe ich gesehen, dass sie nicht immer gleich ängstlich schrie, sondern bewundernd schaute und antwortete: „Wer bist du? Lass mich dich kennenlernen!" Dass das ihre ersten zaghaften Dialoge waren.
Genau dieses Kennenlernen zu ihrer Zeit und in ihrem Tempo ist der Beginn einer wundervollen Beziehung. Indem wir das zulassen, hier Vertrauen schenken, gleichzeitig wachsam sind, erlauben wir das Entstehen von etwas Einzigartigem. Etwas Lebenslangem.

Übung:

Vielleicht magst Du Dir für eine Weile einmal die schwierigen, herausfordernden Situationen notieren, in kurzen Stichpunkten dazuschreiben, wie Du reagiert hast und wie diese Situation ausging und dann – eben aus der Distanz heraus - überlegen, wie Du hättest anders reagieren können. Was wollte Dein Kind Dir oder seinen Geschwistern wirklich sagen? Was waren seine Gefühle hinter den Taten? Wenn Du das eine zeitlang machst, kann Dir das helfen, Dein Kind hinkünftig besser zu verstehen und entsprechend zu begleiten.

Du musst nicht lieb sein

Neugeborene scheinen so fragil und verletzlich. Wir möchten sie den ganzen Tag an uns gedrückt halten und beschützen. Vielen Müttern fällt es schwer, ihr gerade geborenes Baby aus dem Arm zu geben. Doch das große Kind möchte natürlich auch die kleine Schwester einmal halten, möchte sehen, wie sich das anfühlt, möchte mit dabei sein und teilhaben. Es möchte streicheln oder auch trösten, wenn das Baby schreit. Es möchte den Eltern zeigen: Ich versuche, es anzunehmen. Doch Kleinkinderhände sind oft noch tolpatschig, wirken grob und ungelenk diesen kleinen zarten Wesen gegenüber. So tendieren wir dazu, diese ersten Begegnungen durch häufiges „Sei vorsichtig!", „Pass auf!" und „Du musst lieb sein!" zu untermalen. Das ist anstrengend für das Kind und es wird so schnell das Interesse am Baby verlieren. Es hilft, den Blick vom Kind wegzulenken auf das Baby. Wie reagiert es auf die Berührung oder Nähe des älteren Bruders? Wie empfindet es diese kleinen Hände der großen Schwester? Babys reagieren schnell durch Weinen oder Schreien auf alles, was ihnen unheimlich ist oder nicht gut tut. Natürlich müssen wir sie vor Gefahren beschützen, aber durch ein zu festes Streicheln, durch einen zu kräftig aufgedrückten Kuss ist noch kein Baby zu Schaden gekommen. Wenn wir in der Nähe bleiben, gleichzeitig dem älteren Kind Zutrauen schenken, kann diese erste Begegnung von allein ganz liebevoll sein. Und es können solch erste, zaghafte Dialoge ganz ohne Worte entstehen. Und wenn wir dem überrascht weinenden Baby sagen: „Jetzt hast du dich erschreckt. Deine Schwester wollte dich nur streicheln.", dann hört auch die

Schwester, dass sie nichts falsch gemacht hat.

Wir wünschen uns immer, dass unsere Kinder „lieb" zueinander sind. Dass sie sich gern haben, achten und respektieren. Doch Geschwisterbeziehungen bestehen aus mehr. Konkurrenz, Streit, Neid, Ärger, Wut. Und vor allem daraus, dass das „Liebsein" und die Zuneigung sich entwickeln darf.

Geschwister müssen sich aneinander reiben, um sich kennen- und schätzenzulernen. Diesen Gefühlen und Emotionen Raum zu geben, lässt sie von Anfang an näher zueinander wachsen. Weil sie diese Gefühle von Beginn an in ihre Beziehung integrieren können.

> Die Reaktion des Babys abwarten, bevor wir
> „Sei vorsichtig!" rufen, kann erste, ganz zaghafte
> Geschwisterdialoge ermöglichen.

Wenn wir sie von Anfang an spüren lassen, was der eine mag und was nicht, was ihm zu viel wird und was er erträgt, so können sie ihre Grenzen viel natürlicher erfahren. Durch die voreiligen Zurufe, mit denen wir unsere äußere Wahrnehmung von zu grob, zu wild, zu heftig artikulieren, greifen wir zu schnell ein und unterdrücken so ihre eigene Erfahrung und Wahrnehmung.

Übung:

Versuche einmal im Kontakt der Geschwister innezuhalten. Den ersten Impuls des Eingreifens wegzuatmen. Beobachte. Warte ab. Nur einen Augenblick. Und wenn das gut geht, einen zweiten.

Was wird möglich?

Feindseligkeit

„Das Baby soll weg."
„Morgen werfe ich meine Schwester vom Balkon."
Solche Sätze von älteren Geschwistern sind keine Seltenheit.
Als vernünftiger Erwachsener meinen wir, dass die Kinder
das oft so nicht meinen, dass es Ausdruck ihrer Frustration,
ihrer Eifersucht ist. Als Eltern aber verletzen sie uns zutiefst.
Wenn wir jedoch verstehen lernen, dass hier nichts als
Trauer und Wut spricht, Angst davor, die eigenen Eltern zu
verlieren, dann kann es uns leichter fallen, mit diesen Sätzen
umzugehen. Sie sind im Grunde ein sehr ehrlicher, verbaler
Ausdruck vieler verschiedener Emotionen.

Auch hier gilt es wieder, diese Gefühle so anzunehmen und
zuzulassen, wie sie kommen. Wie oben beschrieben, sucht
ein Kind, das bisher allein war mit seinen Eltern, verzweifelt
seinen Platz in diesem neuen Gefüge. Es vermisst die
exklusive und ultimative Aufmerksamkeit seiner Eltern. Es
wird natürlich traurig und wütend. Nur kann es das sehr
oft selbst nicht in Worte fassen. Ihm bleibt nur das, was das
Naheliegendste ist – die Frage, ob der andere nicht einfach
wieder verschwinden kann.

Übung:
Stell Dir vor, Dein Partner/Deine Partnerin verlässt Dich wegen einer
anderen Person. Du bist verzweifelt und traurig. Aber auch wütend
und du wünscht dir nichts anderes, als dass diese neue Person, die
deinen Platz eingenommen hat, verschwindet. Manchmal sogar auf
böse und grausame Art und Weise.

Das mag weit hergeholt klingen, aber es ist genau das, was unsere Kinder empfinden.

Es ist genau dieses Gefühl der Verzweiflung. Es richtet sich nicht gegen uns. Aber es liegt an uns, diese Gefühle zu akzeptieren. „Ich habe nicht gewusst, wie traurig du bist." „Du vermisst die Zeit mit mir allein sehr." Das sind Sätze, die helfen können, den Gefühlen der Kinder Raum zu geben. Und dem Kind zu vermitteln: Ich verstehe dich. Es ist okay, so zu fühlen.

Gleichzeitig können wir dem Kind gegenüber auch unsere Gefühle ehrlich äußern. „Ich vermisse dich auch." und „Ich wünsche mir, dass wir bald wieder mal Zeit für uns haben werden". Das wiederum zeigt dem Kind: Der Mama geht es ähnlich. Und wir alle wissen, wie gut es sich anfühlt, wenn man weiß, dass man mit seinen Empfindungen nicht allein ist.

Die Väter, die meist eine besondere Stellung einnehmen, weil sie nicht so sehr vom Baby gebraucht werden, die nun mehr Zeit mit dem älteren Kind verbringen, können sich mit ihm verbünden. „Mir fehlt die Mama auch manchmal." So spürt ein Kind, dass es nicht allein ist mit seinen Gefühlen. Es fühlt sich dem Vater noch verbundener, weil sie ähnliche Gedanken teilen und es kann so beiden leichter fallen, mit der Situation umzugehen.

Das Unumgängliche - sie streiten sich

Indianer sind entweder auf dem
Kriegspfad oder rauchen Friedenspfeife.
Geschwister können beides.
- Kurt Tucholsky

Streit zulassen

Verständnis. Respekt. Viel Empathie und Geduld. Das sind die Schlüssel, um diese stürmische neue Zeit zu bewältigen. Aber wie kann das im Alltag gelingen? Wo Termine, Abläufe und Unvorhersehbarkeiten sich in das Treiben quetschen. Wo ich nicht stets die Ruhe und Gelassenheit in mir tragen kann, um den Kindern verständnisvoll zu begegnen, sie geduldig zu begleiten. Wo auch ich funktionieren muss und keine Zeit bleibt für die ruhige Dusche am Morgen. Wo die Tasse Kaffee nicht auf dem Sofa getrunken, sondern darauf ausgeleert wird.

Für das ältere Kind ist es oft hilfreich, wenn die Abläufe so bleiben, wie sie vorher waren. Wenn Routinen ihm den Weg zeigen und es irgendwo Halt gibt, Orientierung. Dann kann es auch schneller akzeptieren, wann die Mama für das Baby da sein muss und wann Zeit für Zweisamkeit ist.
Der Rhythmus des zweiten Kindes wird sich so automatisch an den des ersten anpassen. Das ist unproblematisch, denn es kennt ja keinen anderen.

> Routinen und bekannte Abläufe geben Halt und
> Orientierung in einer Zeit des Wandels.

Wir bedauern oft, dass wir das Kind wecken müssen, weil es Zeit ist, das große Kind abzuholen oder dass das Baby nicht in Ruhe tagsüber schlafen kann, weil es nicht so still ist in der Wohnung. Das müssen wir nicht, denn bald werden wir erkennen, dass all das auch Vorzüge hatben kann. Weil das zweite Kind somit vielleicht eher im Sturm zur Ruhe kommen kann, die Mucksmäuschenstille gar nicht benötigt, um dennoch in tiefen Schlaf zu sinken. Weil es im gesamten Schlafverhalten vielleicht flexibler ist.

Eines Abends legte ich meine Tochter in ihr Bett. Ich hatte sie gestillt, sie war gewickelt und bereit zum Schlafen. Gewöhnlich saß ich bei ihr, streichelte sie und wartete, bis sie schlief. Doch mein Sohn rief nach mir. Ich war einen Moment zerrissen, doch ich wusste, dass sie sicher nicht schlafen würde, so lange er ruft und lauter rufen würde. Also ließ ich sie einen Moment allein und schaute nach, was mein Sohn brauchte. Als ich dann wieder zu ihr ins Schlafzimmer kam, war sie bereits zufrieden eingeschlafen.

Da spürte ich dieses innere Vertrauen, dass unsere Kinder genug bekommen, auch wenn wir das nicht glauben. Dass wir oft versuchen, viel zu viel zu geben, weil wir ihnen und uns nicht zutrauen, dass sie etwas allein schaffen oder aushalten können. Von da an legte ich sie immer öfter allein in ihr Bett und ging hinaus. Sie hat auch später kaum Einschlafbegleitung von mir gebraucht und schläft heute noch gern wann und wo sie will und ich finde das einen sehr schönen, gesunden Zugang zum Thema Schlaf.

Wo das möglich ist, kann es auch sinnvoll sein, die Kinder auch tagsüber zeitweilig räumlich voneinander zu trennen und ihnen ihren eigenen, sicheren Bewegungsfreiraum zu geben. Das muss kein eigenes Zimmer sein, das wird im Kleinkindalter sowieso selten akzeptiert. Aber eine abgeteilte Ecke im Wohnzimmer, in der das Baby sicher ist vor den Stürmen des älteren Kindes, kann wirkungsvoll sein. Andersrum kann ein sicherer Hafen des großen Kindes, in den das Baby nicht hinein darf, wo es frei regieren kann, wohltuend sein.

Doch diese räumlichen Trennungen sollten flexibel sein, denn das erste Jahr mit zwei Kindern ist geprägt von einem ständigen Wandel, nicht nur in der Entwicklung der Kinder, sondern auch in den Ansprüchen an unsere Spontaneität.

Vor allem, wenn Babys agiler und mobiler werden, ändert sich stets und ständig alles. Und dann beginnt die wirkliche Verteidigung des eigenen. Des Spielzeuges und des Raumes. Ein Kind, dass sich hier gehört und gesehen fühlt, in dieser großen Angst und Sorge um das eigene Hab und Gut, um den eigenen Platz und die exklusive Zeit mit den Eltern, ein Kind das nicht gezwungen ist, zu teilen und lieb zu sein, wird sehr bald von selbst beginnen, empathisch, liebevoll und geschwisterlich zu handeln.

Sobald meine Tochter krabbeln konnte, versuchte sie zielstrebig die Autos meines Sohnes zu erreichen und zu greifen. Ich hörte Kreischen. „Du willst nicht, dass sie deine Autos nimmt", sagte ich ruhig. „Neeeeeeiüüiin!", schrie er. Ich ging zu ihr und sprach zu ihr: „Dein Bruder möchte nicht, dass du die Autos nimmst. Er braucht sie gerade. Vielleicht finden wir für dich etwas anderes zum Spielen". Meist dauerte es keine Minute und mein Sohn nahm von sich aus ein, zwei Autos und reichte sie seiner Schwester. „Hier, die kann sie doch nehmen."

Gehört und in den eigenen Gefühlen akzeptiert zu werden, ist der Schlüssel zu mehr Verständnis und Öffnung dem anderen gegenüber.

Es zeigt, dass die eigenen Gefühle in Ordnung sind, dass sie erlaubt sind. Und genau das lässt Raum für eigene Wege und das Entwickeln von Strategien, mit ihnen umzugehen.

Diese Konflikte sind der Anfang. Wir mögen sie belächeln, denn der Streit um ein Auto, ein Buch oder eine Puppe erscheint uns sinnlos. Doch für die Kinder, für Geschwister und ihre lebenslange bevorstehende Beziehung sind sie der Anfang von etwas Besonderem und Eigenem. Hier lernen sie sich kennen, lernen sie sich zu begegnen und die eigenen Konflikte untereinander auszutragen. Und gleichzeitig lernen sie auch für ihre Beziehungen außerhalb der Familie. Sie lernen streiten, kommunizieren, Konflikte lösen. Eine Basis für ein gutes Zusammenleben mit anderen Menschen wird hier bereits geschaffen.

Ein Kind, das nicht teilen muss, wird das viel eher von sich aus machen.

Es ist nicht immer leicht, das Kreischen und Schreien zu ertragen. Wir wollen es stoppen, weil es uns zu laut erscheint. Und unnötig. Doch genau hier gilt es immer wieder zu evaluieren – was sind kleine Zwistigkeiten, die von uns keine Beobachtung brauchen? Was sind ernsthafte Streitigkeiten mit eventueller Verletzungsgefahr? Und was ist schlichtweg uns zu viel, was brauchen wir für einen klaren Kopf und ein Stück innere Ruhe? Das kann jeden Tag anders sein. Manche Kreischereien ertragen wir (noch) gelassen. An manchen Tagen möchten wir beim kleinsten Pieps einschreiten. Was wir vormittags noch müde lächelnd und Kaffee trinkend hinnehmen, kann uns nachmittags um den Verstand bringen. Es ist wichtig, sich hier selbst zu akzeptieren und die eigenen Grenzen zu ziehen. Aber es ist genau so wichtig, diese auch zu kommunizieren.

„Ich sehe, ihr habt hier ein Problem. Ich glaube, dass ihr das selbst lösen könnt, aber bitte in eurem Zimmer oder leiser. Mir ist das hier gerade zu laut."

Scheint ein Streit sich zu verschärfen, so muss ich einschreiten. Ich muss ihn nicht schlichten und nicht lösen. Das ist überhaupt nicht meine Aufgabe. Aber Geschwister sich nur sich selbst zu überlassen, kann auf Dauer eine sehr gefährliche Lösung sein. Denn Geschwister streiten nicht nur häufiger als Kinder gleicher Altersgruppen, sie streiten auch sehr viel heftiger und intensiver. Warum ist das so? Zum einen, weil ihre Beziehung eine ganz andere ist. Sie ist viel intensiver, von viel mehr gemeinsamen Momenten geprägt. Und zum anderen ist die Geschwisterbeziehung nicht vergänglich. Ein Freund kann sagen: „Du bist doof. Ich gehe jetzt nach Hause." Er kann sich von uns abwenden und uns zurücklassen.

Geschwister gehen nicht weg. Egal, wie sehr ich zuschlage, sie sind morgen noch da. Und übermorgen. Und immer. Ich kann sie nicht erpressen mit „Dann bin ich nicht mehr dein Freund." Ich kann aber alles andere tun, ohne Angst haben zu müssen, dass mein Spielkamerad, was ein Bruder oder eine Schwester zweifelsohne oft ist, mich verlässt.

Übung:
Beobachte die Streitereien der Kinder im Nachhinein. Überlege, was
der eigentliche Grund war, was hat jedes Kind für sich gebraucht und
wie hätte eine gute Lösung aussehen können? Wenn die Konflikte gut
ausgegangen sind – was waren die wirkungsvollen Lösungsstrategien?
Was funktioniert gut?

Körperliche Aggression

Und so können Geschwisterstreitigkeiten, wenn sie nicht begleitet werden, ausarten und wirklich gefährlich werden. Wir kennen sicher alle Geschichten von unseren eigenen oder befreundeten Geschwistern, wo sich heftigst gebissen, geschlagen, geschubst wurde. Wo ernsthafte Verletzungen auftraten. Wo Gewalt angewendet wurde, die schlicht und einfach von Anfang an unterbunden gehört hätte. Und die wir in unserer jetzigen Rolle als Eltern klar unterbinden müssen. Es sollte als eine der obersten Regeln in einer Familie gelten: Keine Gewalt. Das klingt einfach und banal. Es ist besonders wichtig, das allen Kindern immer wieder bewusst zu machen.

Oft höre ich von Eltern „Ja natürlich prügeln sie sich, das gehört doch dazu. Es sind halt Geschwister". Doch genau das tut es nicht. Denn wenn Geschwister sich verprügeln, dann ist meist eines stärker und das andere schwächer. Das Stärkere von beiden wird noch bestärkt, indem es eben nicht gemaßregelt wird, sondern auf seinen Art gewinnt. Das Schwächere fragt sich, warum seine Eltern zusehen, wie es offensichtlich verletzt wird.

Darüber hinaus bekommen die Kinder das Gefühl, dass Konflikte gern auch durch Gewalt gelöst werden können. Das ist eine Einstellung, die wir generell ablehnen sollten.

Manche Eltern sind der Meinung, dass es wichtig ist, dass Kinder lernen, sich zu wehren und zu verteidigen. Leider meinen sie damit oft, dass die Kinder auf die gleiche Art und Weise kontern sollen, wie ihnen begegnet wird.

Ich halte es für sehr viel wichtiger, den Kindern von Anfang an zu vermitteln, dass Gewalt eben keine Lösung ist und keine Lösung sein darf. Die Welt ist sicher nicht rosarot und voller Harmonie, aber deshalb muss ich ein Kind noch lange nicht darauf vorbereiten, mit gleichen Methoden zurückzuschlagen. Will ich wirklich einen Menschen ins Leben begleiten, der auf Gewalt mit Gewalt reagiert?

Wir dürfen die Welt nicht so hinnehmen, wie sie ist, und unsere Kinder deshalb darauf trimmen, in ihr zurechtzukommen. Wir sollten aus unseren Kindern Menschen wachsen lassen, die diese Welt ein Stück besser machen. Auch wenn es nur ein Bruchteil ist.

> Wut und Ärger sind okay, aber Gewalt ist absolut nicht akzeptiert.

Das heißt nicht, dass unsere Kinder einander niemals hauen oder beißen werden. Gerade wenn ihnen noch Worte fehlen oder diese versagen, dann agieren sie körperlich. Da ist es wichtig, das Kind nicht zu beschämen, sondern ihm Worte zu geben und ihm zu helfen, andere Strategien (weggehen, stoppen, Nein sagen etc.) zu finden oder selbst zu entwickeln.

Außerdem ist es wichtig, dass unsere Kinder verstehen, dass Ärger, Wut und Frustration zwar menschliche Gefühle sind, es aber andere Wege gibt, diese auszudrücken und loszulassen, als Gewalt. Wenn ein Kind wütend ist, weil das andere ihm ein Spielzeug wegnimmt, so ist es vollkommen in Ordnung, dass es tobt und schreit und seinem Ärger freien Lauf lässt. Es ist aber nicht akzeptabel, dass es dabei schlägt oder beißt und jemand anderem wehtut. „Du bist wütend, weil du das Spielzeug noch brauchst. Du kannst gerne auf ein Polster klopfen oder schreien. Deinen Bruder schlagen ist nicht okay."

Wichtig ist dabei nur, dass wir ihnen nicht bei jedem Wutausbruch, der körperlich wird, sofort einfach ein Polster geben zum Draufhauen, sondern dennoch sehen, was gerade los ist und welche Gefühle womöglich involviert sind.

Es ist auch immer wieder hilfreich, den Kindern sogenannte „Hausregeln" zu vermitteln. „Wir verletzen uns nicht." „Keine Gewalt in unserem Haus." Wie auch immer man das formulieren möchte, es hilft, das in solchen Situationen, in denen es zu Gewalt unter den Kindern kommt — und das ist häufig am Anfang, wenn ihnen oft noch die Worte fehlen — klar und deutlich zu kommunizieren.

Und wenn wir ihnen dabei genügend Möglichkeiten vermitteln, wie sie mit ihren Emotionen anders umgehen können, so wird die Gewalt recht bald ein Ende haben.

Als sich meine Kinder mal wieder lauthals stritten und ununterbrochen provozierten, bis der Älteste die Mittlere zwickte, sie aufschrie, gingen mir die Nerven durch und ich fuhr ihn an: „Hör endlich auf damit!" Er drehte sich wütend um, stürmte in sein Zimmer und knallte die Tür gehörig zu. Rumms. Dort drin wütete er und weinte auch. Ein anderes Mal, als sie sich wieder unentwegt stritten und er ihr weh tat, fragte ich: „Was war denn los?" und er sagte: „Sie hat mich so unfassbar genervt, da konnte ich gar nicht anders als sie an den Haaren zu ziehen." Es war ein Moment, in dem er statt beschämt zu werden gehört wurde und offen sagen konnte, was in ihm war. Er war ehrlich und spürte dabei selbst, dass sein Verhalten prinzipiell nicht okay war. Und genau darum geht es.

Denn schlussendlich ist kein Kind daran interessiert, dass es jemandem wehtut oder dass es andere verletzt. Solche Handlungen sind grundsätzlich Hilfeschreie, weil sich die Kinder nicht anders zu helfen oder auszudrücken wissen.

Wir sind als Eltern oft versucht, Gefühle wegzuwischen: „Du hast doch sowieso gerade nicht damit gespielt. Ihr könnt das doch teilen", oder „Jetzt spielt der eine, dann der andere". Da ist aber Problemlösung von uns vorgegeben und hilft dem Kind nicht, mit seinen Gefühlen umzugehen. Vielmehr wird hier überhaupt nicht auf die individuellen Emotionen eingegangen, sondern darüber hinweggefahren.

> Fertige Problemlösungen der Erwachsenen helfen dem Kind nicht, mit seinen Emotionen im Moment und hinkünftig umzugehen.

Wichtiger ist in erster Linie, dass Kinder erfahren, was sie eigentlich gerade so wütend macht und wie sie diese Emotionen (be)greifen können. Sehr kleinen Kindern können wir helfen, diese Situation im Ansatz auch zu lösen, indem wir sagen: „Du brauchst das noch dringend. Wir können schauen, ob es ein anderes ähnliches Spielzeug für dich gibt." Diese Aussage hören beide Kinder und es kommt häufig vor, dass das andere Kind das Spielzeug zurückgibt, wie in dem von mir beschriebenen Beispiel mit den Autos meines Sohnes. Es kommt nicht selten vor, dass Kinder ein Spielzeug nehmen, weil es herumliegt und es scheinbar niemand braucht. Wenn sie dann erfahren, dass es dem anderen Kind doch noch wichtig ist, geben sie es auch wieder her. Solange sie nicht dazu gedrängt werden.

„Deine Schwester hat die Puppe genommen. Aber du

brauchst sie noch, das hat sie vielleicht nicht gewusst, weil du gerade nicht damit gespielt hast."

Indem wir mit einem Kind sprechen und die Situation beschreiben, erfährt das andere Kind ebenfalls, was das Problem ist. Es kann sich orientieren und ohne direkte Aufforderung selbst entscheiden, wie es handeln wird.

Übung:

Beobachte für eine Weile die Streitereien Deiner Kinder. Wann werden sie körperlich? Welche Worte fehlen ihnen in den Situationen? Wie kannst Du sie da im Nachhinein gut begleiten?

Fairness und Vertrauen

Im Streit zwischen Kindern tendieren wir Eltern oft dazu, fair und gerecht sein zu wollen. Das ist aber nicht immer möglich, weil wir zu oft abwesend sind und nicht die ganze Geschichte miterlebt haben. Es ist auch gar nicht unsere Aufgabe für Fairness zu sorgen, sondern dafür, die Konflikte der Kinder liebevoll zu begleiten. Wir sind nicht die Schiedsrichter unserer Kinder. Wir sind ihre Begleiter, ja vielleicht sogar so etwas wie ihre Coaches. Wir begleiten sie darin, miteinander leben zu lernen, Konflikte auszuhandeln. Auch wenn die großen Kinder den Kleinen etwas wegnehmen, tendieren Eltern dazu, fair sein zu wollen und sagen Dinge wie: „Gib das zurück. Das hatte deine Schwester gerade." Häufig schaut aber die kleine Schwester dem Spielzeug nur mit großen, interessierten Augen hinterher oder richtet ihre Aufmerksamkeit auf etwas ganz anderes. Dann können wir uns komplett zurückhalten. Wir müssen den Kindern Fairness und Gerechtigkeit nicht antrainieren und erklären. Wir sollten ihnen schlichtweg ein respektvolles Miteinander vorleben. Wir reißen ihnen nichts aus der Hand. Wir bitten sie, uns etwas zu geben. Wir erklären ihnen, warum sie unser Handy oder ein geliehenes Buch nicht haben dürfen. Weil es uns wichtig ist und kaputt gehen kann. Wir sind vorsichtig und achtsam mit allen Menschen und Dingen. Natürlich heißt das nicht, dass unsere Kinder das dann auch immer sind. Sicher nicht - sie sind Kinder. Aber sie erleben, dass es diese Art der Begegnung gibt und lernen im Laufe der Zeit, dass sie angenehmer und wertvoller ist, als Streiten und Wegnehmen.

Wenn wir uns darauf fokussieren zu vertrauen, dass unsere Kinder in der Lage sind, ihre Konflikte selbst zu lösen, dann können sie das auch schaffen. Alles was wir tun müssen ist: dabei bleiben und sie begleiten und unterstützen, wenn sie uns brauchen. Wir werden dann immer wieder erleben, dass sie Konflikte nicht unbedingt fair und gerecht lösen, aber sie lösen sie und sind mit dem Ergebnis oft zufriedener als wir selbst.

Meine Kinder dürfen abends eine Serie schauen. Der große Sohn hält das Tablet und beide schauen. Manchmal will auch die kleine Schwester das Tablet halten und je nach Tagesverfassung kommt es zu Streit. Ich spürte in mir oft das Verlangen, zu meinem Sohn zu sagen: „Du hältst es immer, heute ist mal deine Schwester dran." Stattdessen hielt ich inne und beobachtete. Wenn sie mich riefen, sagte ich nur: „Ihr wollt beide das Tablet halten. Ich bin mir sicher, dass ihr eine Lösung finden werdet." Mit diesem Zutrauen gelang es, dass sie sich ausmachten, dass heute nochmal der Sohn und morgen die Tochter das Tablet halten darf. Eine komplett andere Lösung, als ich vorgeschlagen hätte. Denn ich hätte ihnen nur eine Gerechtigkeit übergestülpt, um die es gar nicht ging. Alles, was sie brauchten, war eine Konfliktlösung für den Moment und nicht für alle vergangenen oder kommenden Abende.

Übung:
Versuche in den kommenden Wochen immer wieder in den Konflikten zurückhaltend Deinen eigenen Anspruch an Fairness oder Gerechtigkeit zurückzustecken und beobachtend innezuhalten. Was wird möglich? Was geschieht?

Konflikte begleiten

Nun wissen wir, dass wir die Konflikte der Kinder gut beobachten und nur dann eingreifen sollten, wenn unbedingt nötig ist. Aber was genau ist dann zu tun? Was sage ich wie, damit ich keine Seite beziehe, niemanden unfair behandle oder niemandem das Gefühl gebe, selbst unfair zu sein? Wie reagiere ich auf die vielen auf mich einprasselnden gegenseitigen Schuldzuweisungen? Wie bringe ich die so oft ersehnte Ruhe und den Frieden zurück ins Haus?

Hierfür gibt es natürlich kein Allgemeinrezept. Es gibt keinen Satz, der diese Situationen mit Sicherheit immer richten wird. Aber was es gibt, sind gewisse grundlegende Schritte, die wir anfangs beachten können, bis die Ruhe der Konfliktbegleitung etwas mehr auf uns übergegangen ist, etwas Natürliches wird. Ansätze und Gedanken, die wir versuchen können zu verinnerlichen, damit auch wir diese Haltung Konflikten gegenüber - die der nichtdirektiven Begleitung - annehmen können. Denn wir sind emotionale Wesen, wir tragen unsere eigene Geschichte und unsere eigenen erlebten und erfahrenen Muster aus unserer Kindheit und unserem bisherigen Leben mit uns herum. Wir reagieren so, wie wir die Reaktionen unserer Eltern und sämtlicher anderer Bezugspersonen erlebt haben. Um unser Verhalten hier zu ändern, unsere Haltung zu schulen und unsere Kinder achtsamer zu begleiten, ist es sinnvoll, die Schritte immer wieder zu lesen und zu versuchen, sie ganz bewusst aufzunehmen:

1. Wahrnehmen, was ist
2. Beschreiben, was wir sehen
3. Anstoß zur Konfliktlösung geben
4. Zurückziehen

Hier wird noch einmal deutlich, dass es nicht unsere Aufgabe ist, den Konflikt bewusst zu lösen, sondern die Kinder zu einer eigenen Lösung aufzufordern und zu motivieren. Dazu braucht es vor allem am Anfang, wenn die Kinder noch recht klein sind, sehr enge Begleitung und natürlich Vorschläge, die sie dann nach und nach selbständig umsetzen können. Schlussendlich hilft hier auch ganz klar das Vorleben einer eigenen gut funktionierenden Konfliktkultur.

Die Haltung, mit der wir Konflikten im Allgemeinen begegnen, trägt viel zu ihrer Lösung sowohl durch uns als auch durch andere bei.

1. Wahrnehmen, was ist

Viel zu oft werden wir auf Konflikte aufmerksam, ohne dass wir sehen, was wirklich passiert. Die Kinder streiten im Kinderzimmer, im Garten, in der oberen Etage oder, während wir ins Gespräch vertieft sind, direkt neben uns. Was wir dann oft tun, ist loszuspringen und zu rufen: „Was ist denn jetzt schon wieder los?". Wir sehen gerade noch, wie ein Kind an den Haaren des anderen zieht und beginnen zu urteilen. Schnell ergreifen wir Partei. Oder wir wissen aus der bisherigen Erfahrung, dass das ältere Kind dem kleineren gern etwas wegschnappt. Weil es noch überlegener ist. Noch. Und schnell beeinflusst diese Beobachtung unsere Urteilskraft. Manchmal zu unrecht. Wir haben nicht gesehen, was passiert ist und es ist im ersten Moment auch gar nicht so wichtig. Wir sollten einfach nur sehen, was gerade jetzt ist. Und was wir in diesem Moment wahrgenommen haben. Es ist keine leichte Aufgabe, die Gedanken abzuschalten, wenn wir vielleicht ohnehin schon genervt sind und die Kinder zum hundertsten Mal an diesem Tag streiten. Doch macht es die Konflikte nicht einfacher, wenn wir schreiend dazustoßen und zu schnell verurteilend beschuldigen.

Wenn wir nur wahrnehmen, was wir wirklich sehen und nicht, was an voreiligen Urteilen in unserem Kopf spricht, können wir den Kindern gleichermaßen neutral begegnen.

Meist hilft es sehr, wenn wir versuchen, ganz neutral und unvoreingenommen zu sagen, was wir in dem Moment wahrnehmen. „Ich höre, dass ihr streitet, worum geht es?" Wenn die Kinder sich gerade noch an den Haaren ziehen oder kräftig zubeißen, sollten wir sofort physisch eingreifen und die beiden trennen. „Das tut weh, das akzeptiere ich nicht." Es ist dabei wichtig – auch wenn wir sehen, wer wen beißt, haut, kratzt oder schlägt – beiden Seiten gleich neutral zu begegnen. Denn es kann gut sein, dass das, was wir sehen, Notwehr ist. Wir wissen nicht, was vorher war und es geht nicht darum, einen Schuldigen zu finden. Es geht zuerst einmal darum, die Situation an sich aufzulösen und Ruhe hineinzubringen. Erst dann können wir uns der weiteren Konfliktlösung widmen.

2. Beschreiben, was wir sehen

Nun werden die Kinder vielleicht wild auf uns einreden. „Er hat mich gehauen!" „Sie hat mich zuerst gezwickt!" „Er hat mir das Handy aus der Hand gerissen, um meine Nachrichten zu lesen!".

Auch hier ist es wichtig, ruhig zu bleiben und zu versuchen zu verstehen, was geschehen ist, wer was braucht und will.

„Ich verstehe, du willst nicht, dass dein Bruder deine Nachrichten liest. Und du bist neugierig und willst wissen, was er da die ganze Zeit in sein Handy tippt."

„Es nervt, er schaut die ganze Zeit nur noch darauf. Er macht überhaupt nichts mehr mit mir."

„Du fühlst dich von ihm zurückgewiesen."

So können im Dialog Erklärungen auftauchen, die, wenn wir von vornherein Stellung bezogen hätten, beschuldigt hätten und bestimmt hätten, wer was bekommt, niemals an die Oberfläche geraten wären.

„Du willst hier deinen Zug aufbauen und es stört dich, dass deine Schwester dort sitzt, wo du die Gleise legen willst."

„Die soll da weg. Geh weg!"

„Es stört deinen Bruder, dass du da sitzt. Er hat sich den Platz für seine Gleise gesucht. Vielleicht kannst du mit deinen Autos ein wenig hier rüberrutschen?"

„Ich will auch Zug spielen."

„Aha, du willst mitspielen."

„Ja!"

„Darf sie aber nicht!"

„Dooooch! Will auch Zug spielen!"

„Dein Bruder will lieber allein spielen, aber vielleicht kann er dir ein paar Gleise geben."

„Da, die brauch ich nicht. Die kann sie haben."

Im offenen, neutralen Dialog mit den Kindern haben wir
die Möglichkeit, tiefer liegende Gedanken und Gefühle
aufzudecken.

Bei kleineren Kindern müssen wir oft noch Vorschläge
bringen, wie sie Situationen lösen können weil ihr
Erfahrungsschatz noch nicht ausreichend, um selbst
Möglichkeiten aufzudecken. Ältere Kinder hingegen finden
oft selbst Lösungsvorschläge, wenn wir ihnen die Zeit dafür
geben und ihnen aktiv zuhören.

3. Anstoß zur Konfliktlösung geben

„Ich sehe, ihr wolltet beide mit dem elektrischen Zug spielen.
Davon haben wir nur den einen. Wie können wir das lösen,
was meint ihr?"

Wenn die Kinder von Anfang an erfahren haben, dass
sie beide gleichwertig behandelt werden, dass keines
beschuldigt, bevorzugt oder unfair behandelt wird, wenn sie
gelernt haben, dass es oft ganz einfache Konfliktlösungen
gibt, werden sie auch sehr schnell bereit sein, hier kreativ zu
werden. Sie werden versuchen, eigene Lösungen zu finden.
Und sie werden auch bereit sein, viel öfter einzulenken
und „nachzugeben". Denn letztendlich wollen beide eines:
In Ruhe weiter spielen. Wichtig ist, ihnen hier wirklich die
Möglichkeit zu geben, selbst eine Lösung zu finden.

Dass das auch mit recht jungen Kindern funktioniert, zeigt das von mir beschriebene Beispiel auf Seite 74.

> Schon Kinder sind grundsätzlich an kreativen Konfliktlösungen interessiert. Wir legen hier bereits den Grundstein für ihre lebenslange Konfliktkultur.

Älteren Kindern kann man sehr wohl auch zutrauen, dass sie die Lösungen gänzlich selbst finden. „Ihr braucht beide die Zackenschere. Du willst damit deine Einladungen weiter basteln und du die Karte für Oma. Nun, ich traue euch zu, dass ihr beide gemeinsam eine Lösung finden werdet."

4. Zurückziehen

Das Gehen ist vor allem bei älteren Kindern empfohlen. So bemerken sie bald, dass wir ihnen die Konfliktlösung nicht nur verbal zutrauen, sondern auch entsprechend handeln und sie wieder sich selbst überlassen.

Ist wirklich Gewalt im Spiel, prügeln sich die Kinder, treten oder hauen, dann ist es sinnvoll, sie beide zu trennen. „Ich akzeptiere nicht, dass ihr euch weh tut, und deshalb will ich, dass ihr euch beide etwas beruhigt." Man kann sie in ihre jeweiligen Zimmer schicken, oder in unterschiedliche Bereiche der Wohnung. Wichtig ist, dass hier beide gleich behandelt werden und keines der Kinder beschuldigt wird.

Vor allem, wenn beide mit gegenseitigen Schuldzuweisungen auf uns einreden, ist es wichtig, dass sie erst einmal getrennt voneinander zur Ruhe kommen. Sehen wir jedoch, dass eines der Kinder wirklich traurig oder verletzt ist, so ist es wichtig, dass wir es nicht einfach wegschicken, sondern in der Nähe bleiben und auf Erklärung warten. Denn meist, wenn beide ein wenig Abstand gewonnen haben, kommen sie und wollen sich rechtfertigen, wollen erklären.

Da ist es wichtig, beiden gleichwertige Aufmerksamkeit zu geben. Der inneren Stimme zu sagen: Schweige, lass mich anhören, ohne zu urteilen. Denn das tun wir nur allzu oft. „Sie klaut ihm immer wieder seine Sachen, wenn ihr langweilig ist. Sicher hat sie auch jetzt wieder angefangen."

„Natürlich, er ist immer zu ungeduldig und schnappt sich, was er braucht, ohne abzuwarten. Weil er weiß, dass er der Stärkere ist."

Jeder Konflikt ist neu, auch wenn er uns noch so bekannt vorkommt. Beide Seiten anzuhören ohne eine zu bevorzugen oder zu benachteiligen ist die hohe Kunst des Elternseins von mehreren Kindern. Nur dann ist es uns möglich, gemeinsam mit ihnen eine Lösung zu finden oder die Lösungsfindung ihnen selbst zu überlassen.

Zuzuhören ohne voreilig zu urteilen ist eine der magischen Fähigkeiten, die wir als Eltern lernen und vorleben sollten.

Findet sich absolut keine Lösung, die beiden gerecht wird oder mit der beide gleichermaßen leben können, so hilft es, das Thema auf später zu vertagen.

Auch Familienkonferenzen können hier hilfreich sein. „So kommen wir jetzt nicht weiter. Ihr seid beide sehr wütend und es ist wohl besser, wenn ihr ein wenig Abstand bekommt. Lasst uns das heute beim Abendessen besprechen."

Sollte sich dennoch keine Lösung für ein Problem finden,

so können wir entweder selbst eine vorschlagen oder zu Glücksvarianten greifen, wie dem Werfen einer Münze. Das geht natürlich nicht bei Streitereien darüber, wer etwas angefangen hat oder wer wobei Schuld hat. Es geht vor allem bei Konflikten, in denen die Kinder etwas (zuerst) wollen oder brauchen. Bei der Glücksvariante gilt es jedoch zu betonen, dass diese Methode dazu führen wird, dass ein Kind unzufrieden ist. Dass sie für eines dennoch unfair erscheinen wird. Das kann dann die letzte Möglichkeit sein, dass sie doch noch eine Lösung finden, bevor sie sich auf das Glück oder Unglück der Münze verlassen.

Aber was ist, wenn sich ein Konflikt nicht lösen lässt beziehungsweise nach unserer Begleitung immer wieder auftaucht?
Geschwister streiten im Durchschnitt alle fünfzehn Minuten. Das ist normal und gehört dazu. Wenn aber der gleiche Konflikt immer wieder auftritt oder wir das Gefühl haben, dass er immer einseitig beginnt, immer vom gleichen Kind ausgeht, dann ist es sinnvoll, dem genauer nachzugehen.

Warum tritt dieser Konflikt immer wieder auf? Was steckt eigentlich dahinter? Wann tritt er auf? Und vor allem auch: Wann tritt er nicht auf?
Wenn Kinder immer wieder scheinbar grundlos ihre Geschwister ärgern, so kann dahinter auch einfach ein Aufmerksamkeitsbedürfnis stecken. Es kann sein, dass sie sich unwohl fühlen, vernachlässigt, benachteiligt. Es kann aber auch ganz individuelle entwicklungsbedingte Gründe haben. Im Zahnwechsel zum Beispiel kommt es häufig vor, dass die Kinder wieder vermehrt ihre Geschwister zwicken

und zwacken. Dahinter steckt eine innere Unruhe, selbst nicht zu wissen, was mit ihnen los ist. Weil in dieser Zeit so vieles im Wandel ist. Wenn ein Kind Schwierigkeiten hat, selbständig zu spielen, nur schwer mit sich selbst etwas anzufangen weiß, dann kann es sein, dass es aus diesem eigenen Frust über sich selbst heraus beginnt, das andere Kind, das diese Probleme scheinbar nicht hat, das immer wieder so vertieft ist ins eigene Spiel, zu ärgern. Ihm seinen eigenen Ärger überstülpt wie eine kalte Mütze aus Schnee.

> Hinter manchen Streitigkeiten stecken auch einfach mal Frust und Ärger über sich selbst, es geht nicht immer um die Geschwister per se.

In solchen Fällen braucht es oft eine genauere Beobachtung über einen gewissen Zeitraum, vor allem auch in Situationen mit anderen Kindern in Kindergarten oder Schule. Und wenn man gar nicht weiterkommt, die Situationen immer eingefahrener scheinen, ist es auch einmal sinnvoll, einen Termin mit einer Familienberaterin zu vereinbaren, die hier hilft, aufzudecken, was unbeachtet schlummert.

Denn ewig andauernder Geschwisterstreit, der einseitig ausgetragen wird, kann die Beziehung aller Familienmitglieder zueinander belasten.

Wir Eltern sind immer versucht, unsere Aufmerksamkeit gerecht und fair aufzuteilen. Aber es braucht nicht immer für jeden gleich viel. Der Bruder braucht aus jenem Topf mehr, die Schwester aus dem anderen. Es braucht seine Zeit, um das herauszufinden, dem nachzuspüren und zu erkennen, wer etwas braucht und wann.

Schlussendlich gilt es zu erkennen und anzunehmen, dass jeder Konflikt anders ist. Dass die Ausgangslage immer eine andere ist, die Situation immer anders. Wir können nie gleich reagieren und müssen immer neu evaluieren: Wer braucht hier jetzt was? Das ist nicht immer leicht. Und wenn wir das Gefühl haben, dass wir nicht so reagiert haben, wie es sinnvoll gewesen wäre, so kann man das mit den Kindern auch im Nachhinein besprechen.

Übung:

Beobachte Momente, in denen die Kinder harmonisch mit- oder zumindest nebeneinander sind. In denen sie entweder gemeinsam oder problemlos jeder für sich sein können. Was braucht es dafür? Welche Rahmenbedingungen müssen gegeben sein?

Das gehört mir

Viele Konflikte unter Geschwistern entstehen aus dem Streit um Spielsachen oder Eigentum der Kinder heraus. Das beginnt recht früh, wenn das Baby die kleinen Sachen und die Rasseln des größeren Kindes bekommt. Wir geben das meist einfach und selbstverständlich weiter. Das große Kind braucht es nicht mehr, also bekommt es jetzt das kleine. Doch auch wenn ein Kind mit gewissen Dingen nicht mehr spielt, sie nicht mehr braucht, so sind sie ein Teil seiner Geschichte: Sie haben ihm gehört und in seinem Kopf gehören sie noch immer ihm. Es hat sie nie hergegeben und gesagt: „Die brauche ich nicht mehr, die kannst du weggeben." Wir haben sie vermutlich einfach irgendwann weggeräumt, um Platz für Neues zu schaffen. Es ist sinnvoll, sich hier mit dem älteren Kind hinzusetzen und die alten Spielsachen vorzuholen, mit ihm zu besprechen, was das Baby brauchen kann und warum und ob es bereit ist, die Sachen herzugeben. Oder wir können anbieten, dass es einige auswählt, die es hergeben möchte. Mit den anderen mag es vielleicht wieder eine Weile spielen, bis es bereit ist, auch diese herzugeben. Oder nicht. Es ist hier wichtig, die Reaktionen zu respektieren. Ein „Nein" ist ein Nein. Wenn wir unser Kind fragen, müssen wir auch mit der Antwort umgehen können. Kein „Aber du brauchst es ja nicht.", kein „Aber du bist doch viel zu groß dafür".

Ein „Aha, ich sehe, das ist dir noch sehr wichtig" oder „Ich hab nicht gewusst, dass du das noch brauchst" führt schneller dazu, dass die Kinder sich gehört und verstanden fühlen und dann meist auch bald bereit sind, die Dinge doch herzugeben.

Was aber, wenn die Kinder älter werden? Wenn sich beide für die gleichen Spielsachen interessieren? Muss ich jedem eins kaufen, damit kein Streit aufkommt? Muss ich nun alles doppelt anschaffen? Natürlich nicht. Das wäre zum einen nicht nachhaltig und viel zu kostenintensiv, zum anderen muss es auch gar nicht sein. Wir versuchen damit nur einmal mehr, Konflikte zu vermeiden, weil wir sie selbst scheuen. Weil wir nicht so richtig damit umzugehen wissen, weil wir uns nach Harmonie sehnen.

> Es ist wichtiger zu erkennen welche Dinge wem gehören anstatt aus Erwachsenenperspektive zu entscheiden, wer wann was davon braucht.

Es ist natürlich wichtig, dass es Dinge gibt, die jedem einzeln gehören. Jeder hat sein Plüschtier oder sein Lieblingsbuch, seine Stifte oder seine Puppe. Aber viele Dinge sind Allgemeingut. Eine Kiste Bausteine, eine Sammlung an Bauernhoftieren oder die unzähligen Autos. Wenn hier gestritten wird, dann darf es nicht darum gehen, wem etwas gehört, sondern wer gerade was braucht. „Das gehört mir, ich hab's zuerst gehabt!". Da müssen wir nicht bewerten und klären, ob einem Kind das wirklich gehört oder nicht. Wir können einfach sagen: „Du wolltest gerade damit spielen." Und zu dem anderen Kind: „Und Du möchtest nun auch damit spielen. Wir haben aber nur das eine. Was können wir tun?"

Manchmal bieten sich Möglichkeiten durch Alternativen. Statt diesem Auto ein anderes oder ein Zug. Manchmal entsteht plötzlich ein Spiel zu zweit. Und manchmal stellt ein Kind fest, dass es das Spielzeug gar nicht so dringend brauchte, aber nicht wusste, wie wichtig es in dem Moment dem anderen ist.

Viele Eltern fragen hier: „Aber was, wenn der Streit nicht aufhört? Was, wenn sie immer weiter um das eine Ding streiten?"
Ja, natürlich gibt es diese Momente. Aber wir dürfen genau hier aufhören, nur diese Situationen zu sehen und heraufzubeschwören. Denn hinter dieser Frage steckt zum einen eine gewisse Verzweiflung, die bereits durch mehrere solche Situationen hervorgerufen wurde. Zum anderen aber auch das fehlende Vertrauen darin, dass die Kinder sehr wohl in der Lage sein können, diese Konflikte zu lösen. Die gute Nachricht ist: Auch wenn die Kinder bereits scheinbar endlos solche Streitereien führen, ist es nie zu spät, ihnen zu helfen, diese allein und selbstständig zu lösen.
Ganz wesentlich bei all dem ist also unsere innere Haltung. Gehe ich von bereits zu vielen Schreiereien genervt und gereizt in eine solche Situation, dann wird es unwahrscheinlich sein, dass ich die Kinder hier hilfreich begleiten kann. Wenn ich ihnen jedoch vertrauensvoll – überzeugt davon, dass sie Lösungen finden können – begegne, dann werden sie dieses Vertrauen nehmen und damit ihren Weg gehen.

Wird immer um das gleiche Ding gestritten oder an einem Tag wiederholt der gleiche Konflikt ausgetragen, so ist es natürlich auch sinnvoll, einmal genauer hinzuschauen: Was ist da wirklich los? Was steckt hinter dem Streit? Nicht immer geht es wirklich um das eine Ding, oft sind es auch aufgestaute Frustrationen oder andere Ärgernisse, die sich in solchen Streitereien zeigen. Hier sind wir als Eltern immer wieder gefordert, neu und mit einem offen Blick hinzuschauen.

Wenn Kinder die Haltung spüren, dass sie ja doch immer nur streiten, dann werden sie uns diesen Gefallen auch tun.

Wichtig ist auch, dass jedes Kind seinen eigenen Bereich hat. Es muss kein eigenes Zimmer sein, aber eine Ecke, ein abgstecktes Territorium, in dem es seine Sachen sicher weiß, kann hilfreich sein. Ein Bereich, den es selbst gestalten und in dem es ungestört sein kann. Dieses Gefühl, etwas selbst zu besitzen und selbst bestimmen zu können, kann sehr stärken.

Übung:

Überlege einmal, welche Konflikte oder Themen immer wieder auftauche. Was könnte der Grund dafür sein? Um welche Dinge streiten sie häufig? Geht es um das Ding, oder vielleicht um etwas ganz anderes? Beobachte auch Deine Haltung beim Begleiten dieser Konflikte. Was ist hilfreich, was könntest Du ändern?

Vergleiche - Gift und Medizin

Das Vergleichen ist das Ende des Glücks
und der Anfang der Unzufriedenheit.
- Søren Kierkegaard

„Deine Schwester schreibt so schön sauber und ordentlich."

„Dein Bruder hat das in deinem Alter nicht mehr gemacht."

„Schau, deine Schwester zieht sich auch brav ihre Regenjacke an."

Das pure Gift für eine Geschwisterbeziehung ist der Vergleich. Der direkte, aber auch der indirekte Vergleich mit dem Bruder oder der Schwester.

Erinnerst Du Dich, mit welchen Eigenschaften, Fähigkeiten oder Tätigkeiten Deiner Geschwister Du oft verglichen wurdest?

Mein Bruder war grundsätzlich scheinbar schlauer. Er lernte recht schnell und einfach, war sehr ehrgeizig und konnte vieles einfach so. Bis hin zum Abitur, als mein Bruder schon längst nicht mehr lebte, versuchte ich verzweifelt, dem nachzustreben. Ich versuchte, meinen Eltern zu beweisen, dass ich auch wertvoll war, dass ich ebenso gut sein konnte. Viel später erst merkte ich, dass ich aber vor allem eines wollte: So gesehen werden, wie ich war. Nicht im Vergleich zu ihm. Nicht genau so toll und großartig wie er, sondern so toll und einzigartig wie ich eben ganz allein für mich sein konnte.

Das Ringen um die Bestätigung der Eltern führt schnell zu – oft unbewussten – Rivalitäten unter Geschwistern. Sie kann eine Beziehung nachhaltig vergiften und schädigen.

Auch wenn unsere Kinder aus dem gleichen Genmaterial entstehen, so sind sie dennoch ganz unterschiedliche Wesen. Sie sehen oft unterschiedlich aus, haben verschiedene Augenfarben, Haarfarben, einen anderen Korperbau. Sie haben eine andere Geschichte, haben eine ganz eigene Schwangerschaft erlebt, eine ganz individuelle Geburt und sind in ein ganz anderes Umfeld hinein geboren worden.

Das allein schon prägt unsere Kinder. Und dann sind da noch Persönlichkeit und Charakter. Veranlagung. Nicht selten sind Eltern überrascht, wie anders das zweite Baby ist. Viel ruhiger oder viel aufgedrehter. Es schläft viel besser oder viel weniger. Es erlebt die Welt ganz anders. Es entwickelt sich hier schneller, da langsamer. Es probiert anderes aus und entdeckt die Welt auf seine ganz individuelle Art. Und es lässt sie uns auf ganz andere Weise neu erleben.

Natürlich interessiert es unsere älteren Kinder nun, dass sie selbst einmal so klein waren wie das Bündel Mensch, das sie da jetzt erleben. Und sie wollen wissen, was sie damals getan haben, wie ihre Eltern sie erlebt haben. Sie wollen Fotos sehen und Geschichten hören. Und wir können ihnen das alles auch erzählen. Doch sollten wir dabei jegliche Form des direkten Vergleichs auslassen. Statt „Du hast viel mehr geschrien" können wir sagen „Du warst sehr unruhig". Wir müssen nicht erwähnen, dass ein Kind früher oder später begonnen hat zu gehen, die Windel weggelassen oder selbständig dies und jenes getan hat. Wir schüren damit einen Konflikt, den es nicht geben muss.

Dass Kinder sich vergleichen, kommt von ganz allein. Irgendwann. Sie schauen, wer weiter werfen kann, wer besser malen kann, wer stärker ist, größer, schneller. Das sind einfach natürliche Spiele unter Kindern, die wir nicht kommentieren müssen. Unsere Aufgabe als Eltern ist es, die Fähigkeiten unserer Kinder zu sehen und anzuerkennen. Statt einem „Deine Schwester ist viel besser in Mathe, wieso verstehst Du das nicht?" können wir erkennen „Ja, Dir fällt Mathe etwas schwer. Du magst lieber Biologie, das interessiert Dich viel mehr, scheint mir". Damit sehen wir die Interessen und das Kind erkennt, dass es nicht in allem besser, in allem gleich sein muss wie seine Geschwister.

Wenn Eltern Geschwister offen miteinander vergleichen,
führt das zu Rivalität, die die Beziehung nachhaltig
schädigen kann.

Unser Schulsystem schürt diese Vergleiche durch die
Notenvergabe und Beurteilungen. Das Gesundheitssystem
durch die regelmäßigen Untersuchungen beim Kinderarzt,
die aufzeigen, was ein Kind wann können sollte und wann
wirklich kann. Wir sind als Eltern ständig mit Vergleichen
konfrontiert. Dabei verunsichern sie nicht nur die Kinder,
sondern auch uns als Eltern. Wenn wir frühzeitig damit
beginnen, zu erkennen, dass es um unser Kind als Individuum
geht und nicht als ein Messpunkt in einer Tabelle, dann wird
es uns auch leichter fallen, unsere eigenen Kinder getrennt
voneinander zu sehen und nicht als ein „größer, schneller,
besser als".

Oft verwenden Eltern den Vergleich als Motivation. „Schau,
dein Bruder macht auch seine Hausaufgaben gleich nach
der Schule, anstatt sie bis zum Abend aufzuschieben". Damit
ermuntern wir unser Kind nicht dazu, früher anzufangen,
sondern wir zeigen ihm nur wieder einmal mehr, was sein
Bruder besser macht, wie er uns beeindruckt und wo es
uns enttäuscht. In den wenigsten Fällen versuchen Kinder
ihren Geschwistern nachzueifern, wenn sie häufig mit ihnen
verglichen werden. Vielmehr versuchen sie andere Wege
zu finden, um die Aufmerksamkeit und Bestätigung ihrer
Eltern zu erhalten. Leider nicht immer auf positive Art
und Weise. Und wenn Kinder dennoch - so wie auch ich -

den Geschwistern und ihren von den Eltern immer wieder betonten Fähigkeiten nacheifern, so führt das dazu, dass sie sich selbst aus den Augen verlieren. Dass sie beginnen, nach etwas zu streben, was gar nicht in ihrer Natur ist.

Doch nicht nur die Beziehung der Kinder untereinander leidet, wenn eines das Gefühl haben muss, dass das andere durch gewisse Fähigkeiten oder Taten den Eltern besser gefällt. Auch das Selbstvertrauen sinkt mit jedem Aufzeigen des weniger Guten. Immer und immer wieder bekommt es das Gefühl, dass es versagt und enttäuscht. Selbst wenn die Vergleiche umgedreht werden, so wird es nie für sich gesehen. Es hat das Gefühl, sich immer nur der Schwester oder dem Bruder gegenüber darstellen zu könne, nie als Individuum.

Dieses sinkende Selbstvertrauen und die Zweifel an den eigenen Fähigkeiten schüren wiederum Neid, der für die Geschwisterbeziehung ebenfalls ein schmerzhafter Dorn ist.

Vergleiche zwischen Geschwistern können dazu führen, dass die Kinder nach etwas streben, was gar nicht in ihrer Natur ist.

Versuchen wir also diese Vergleiche sein zu lassen. Das wird nicht immer leicht sein, denn zum einen liegen sie wie gesagt vor uns und wir stolpern nahezu darüber. Zum anderen gibt es aber auch Momente, in denen wir fast nicht anders können. Da sind wir verärgert oder frustriert. Da wollen wir vielleicht auch den letzten Funken Motivation anstupsen. Da kommt es uns so einfach über die Lippen, dieses „Kannst Du nicht einmal so wie Dein Bruder... ???". Es braucht Zeit und Übung, genau das nicht zu tun. Nicht jeder Vergleich wird die Beziehung unserer Kinder vergiften. Aber jeder Vergleich, den wir lassen, wird sie ganz von selbst wachsen lassen.

Darüber hinaus gibt jedoch auch Vergleiche, die wie Medizin wirken.

Wenn ich dem großen Kind sage: „Als Du so klein warst, bist Du lange auf Knien gegangen, bevor Du wirklich gehen konntest. Das sah sehr lustig aus."

Damit gehe ich in Kontakt mit dem Kind und über eine Erinnerung können wir unsere Beziehung streicheln. Das kann für uns alle sehr wohltuend sein.

Es kann auch die Geschwisterbeziehung untereinander beleben, wenn die Kinder ihre Erinnerungen miteinander teilen. Das passiert ja auch uns Erwachsenen, wenn wir unseren Geschwistern begegnen und mit ihnen Erlebnisse von damals besprechen. Da entsteht Lachen, Reflexion und gemeinsame Momente, die unsere Beziehung nähren.

Übung:
Notiere Dir gedanklich oder in einem Notizbuch die Unterschiede,
die Dir bei Deinen Kindern auffallen. Anstatt sie zu bewerten,
überlege Dir, weshalb diese Unterschiede für jedes Kind besonders sind
Was macht es gerade wegen dieser unterschiedlichen Eigenheiten so
besonders?

Allen gerecht werden

*Meine Gerechtigkeit ist Liebe mit
sehenden Augen.
- Friedrich Nietzsche*

Ansprüche und Erwartungen

Ein besonders hoher Anspruch, den wir Eltern an uns selbst haben, ist der, allen gerecht werden zu wollen - gleichermaßen. Das ist nur natürlich, aber auch äußerst schwierig.

Überlegt einmal zurück. Wie waren denn Eure Erwartungen an das Leben mit mehreren Kindern? Was waren die Beweggründe dafür, mehr als ein Kind zu bekommen? Wie habt Ihr Euch das Leben mit diesen Geschwisterkindern ausgemalt?

Und Vorsicht - es geht dabei nicht darum, irgendwann zu sagen: Ich hatte zu hohe Erwartungen. Oft sind wir ja auch realistisch und wissen: Das kann auch anstrengend werden. Aber doch nicht sooooo?
Es ist okay, Erwartungen zu haben. Vor allem beim zweiten Kind haben wir zwar eine Vorstellung davon, was in Bezug auf die Babyzeit auf uns zukommt, aber viel zu wenig davon, wie es sein wird, zwei Kinder zu haben. Aber auch bei jedem weiteren Kind wird die Familie ordentlich durchgerüttelt. Und Erwartungen fallen zu Boden wie heiße Kartoffeln.

Es geht nun also viel mehr darum, diese Erwartungen oder Wünsche, die wir hatten, einfach loszulassen. Zu sagen: Okay, es ist jetzt alles ganz anders, als ich mir das gewünscht hatte. Es ist viel anstrengender, viel schwieriger, viel fordernder. Okay, ich bin wirklich erschöpft und zuweilen verzweifelt. Das darf sein.

Wie geht es uns, wenn wir uns das einfach einmal eingestehen? Wenn wir das auch zulassen und annehmen, dass es uns so geht. Denn oft glauben wir: Das muss doch wieder besser werden. Was kann ich tun, damit das besser wird? Die anderen schaffen das doch auch? Die Geschwisterkinder von Freundin Brigitte streiten doch auch nicht so viel. Und die Frau da auf Twitter mit ihren vier Kindern meistert das auch alles so locker und harmonisch. Warum ist bei uns alles so anstrengend? Zu erkennen, dass bei uns die Dinge so sind, wie sie nun mal eben sind, ist oft hilfreicher als die stetige Verzweiflung, etwas verändern und verbessern zu müssen.

Natürlich dürfen wir dennoch hoffen oder wünschen und auch darauf vertrauen, dass sich etwas ändern kann und wird. Aber das geht oft nicht über angestrengtes Versuchen und Tun. Oft braucht es erst einmal die Annahme der Ist-Situation von uns, die Akzeptanz. Dann lösen sich meist die ersten Knoten. Und dann können wir auch gezielter und entspannter auf das schauen, was vielleicht die Schwierigkeiten sind.

Übung:
Wie hast Du Dir einst das Leben mit Geschwisterkindern vorgestellt?
Was ist heute ganz anders und was daran stört Dich? Was würdest
Du Dir wünschen was sich ändert? Was möchtest Du ändern? Ist
das realistisch? Was wäre ein erster Schritt?

Mir selbst gerecht werden

Oft wollen wir auch einfach zu viel tun. Wir wollen, dass unsere Kinder sich besser mit ihren Geschwistern verstehen als wir einst mit unseren. Oder genauso gut. Und dafür wollen wir etwas tun, keine Fehler machen, nichts auslassen. Stattdessen sollten wir in Ruhe einmal acht geben darauf, wie unsere Kinder sind. Welche Persönlichkeiten. Welche Charaktere. Was verbindet sie? Was unterscheidet sie konkret?

Und schaut einmal genau: Wann verstehen sie sich gut? Wann ist ein Tag oder eine Stunde harmonisch und ruhig? Wann sind alle recht entspannt und gelassen? Was braucht es dafür?

Wir überlegen oft: Was können wir tun, damit sich etwas ändert. Sinnvoller ist aber zu schauen: Was sind die Gegebenheiten, wenn etwas entspannt ist und was braucht es dafür? Also den Blickwinkel ändern.

> Ein bewusster Blick auf die schönen, die freudvollen Momente, schult unser Bewusstsein für das, was wir als Familie wirklich brauchen, um glücklich zu sein.

Wenn wir uns überlegen, ob wir Aufmerksamkeit, Zuneigung, Zeit und Liebe gerecht auf all unsere Kinder aufteilen, sollten wir uns vorab eines fragen: Wieviel von all dem gebe ich mir selbst? Wenn ich mir selbst nämlich nicht gerecht werde, dann kann ich auch meinen Kindern nicht gerecht werden, egal wie sehr ich mich abstrudle. Natürlich wird das mit der Anzahl der Kinder immer schwieriger, aber auch immer wichtiger. Hinzu kommt, dass nicht alle Kinder immer das Gleiche brauchen. Kinder holen sich, was sie brauchen. Die einen brauchen mehr aktive Aufmerksamkeit in ihrem Tun, die anderen mehr Zuneigung in Form von Kuscheln und Nähe. Die einen wollen mit uns jedes Buch dreimal anschauen, die anderen wollen durch unzählige Fragen mit uns gemeinsam die Welt verstehen. Wenn wir erkennen, was welches Kind wirklich braucht und was wem nicht so wichtig ist, kann uns das helfen, ihnen genau das auch zu geben, ohne uns dabei zu verausgaben.

Ich denke, dass es ganz besonders wichtig ist zu wissen, dass wir nicht immer allem gerecht werden können. Weder den Kindern noch uns. Dass all das Zeit braucht, dass sich im Leben mit Kindern so viel ändert und das so schnell und immer wieder, dass wir stets neu justieren müssen.

Allen gerecht zu werden ist eine Erwartung, von der wir uns so früh wie möglich verabschieden sollten.

Wenn wir hin und wieder inne halten und uns fragen: Wie geht es uns gerade? Was ist lebendig in uns, in unserer Familie? Wo brodelt es gerade? Was läuft gut? Und wenn wir das annehmen können, ohne es gleich zu bewerten und ändern zu wollen, dann können wir eine gute Basis schaffen, auf der wir dann kleine, aber feine und gezielte Veränderungen angehen können. Denn die Erkenntnis, dass es gerade holprig ist, dass ein Kind gerade nicht in seiner Mitte ist, dass es Spannungen gibt oder Schwierigkeiten, ist der erste Schritt, um Veränderung herbeizuführen. Was genau wir dann tun können, das hängt dann ganz speziell von der individuellen Situation ab.

Übung:
Überlege dir zu jedem Deiner Kinder genau, was sie speziell von
Dir einfordern oder brauchen, von dem Du das Gefühl hast dass sie
dadurch auftanken.
Was davon kannst Du ihnen im Alltag leicht geben? Was ist
schwieriger und wie kannst Du das unterbringen?

Liebe zum Quadrat

Wie kann ich diese Liebe, die ich für ein Kind empfinde, für ein weiteres Kind aufbringen? Wie kann ich mich teilen? Werde ich eines mehr lieben als das andere? Wie kann ich meine Zeit und meine Ressourcen gerecht verteilen?

Sorgen, die wohl jede Mutter während einer zweiten Schwangerschaft hin und wieder plagen. Sorgen, die – das kann ich versprechen – unnötig sind.

Für den Moment, wenn das zweite Kind geboren ist, darf man sich darauf einstellen, dass plötzlich so viel Liebe erwacht, wie man sich nie hätte vorstellen können. Denn es ist wahr, dass Mütter ihre Liebe nicht auf ihre Kinder aufteilen, sondern dass sich die Liebe vervielfacht.

Eine emotionale Achterbahnfahrt kann entstehen und darf angenommen werden. Eine neue, eine aufregende, eine herausfordernde und spannende Zeit hat begonnen. Für diese darf man sich alles nehmen, was die Hormone zu bieten haben. Man darf alles Glück der Welt in den Händen zu halten glauben, auch wenn es doch irgendwo schon dieses ganze Glück der Welt gibt. Man darf es umarmen ohne schlechtes Gewissen. Ohne Zweifel darf diese neue Liebe nun blühen. Nicht anstelle, nicht vor oder hinter, sondern neben dieser anderen großen Liebe, die bereits existiert. Jedes Kind nimmt seinen eigenen Platz ein im Herzen der Eltern. Der kann anders aussehen und sich anders anfühlen. Aber er ist ganz sicher da.

Die Liebe einer Mutter oder eines Vaters teilt sich nicht auf, sie vervielfacht sich mit jedem Kind. Diese Liebe anzunehmen, so wie sie ist, bedeutet aber auch, dass ich akzeptiere, dass sie zu einer anderen Zeit in mein Leben getreten ist. Unter anderen Bedingungen. Das zweite Kind wird niemals den Status des ersten Kindes haben. Es wird uns nie ausschließlich und exklusiv haben. Und es wird gewisse Vorzüge oder Gewohnheiten nie erleben. Es wird eine andere Aufmerksamkeit erleben, vermutlich weniger sortierte Fotos im Album und weniger Tagebucheinträge finden als ein erstes Kind. Ein drittes Kind wird vermutlich wesentlich mehr Freiheiten genießen als ein erstes Kind.

> Jedes Kind hat seinen ganz eigenen Platz im Herzen der Eltern.

Wir werden zuweilen einen sehr großen Gerechtigkeitssinn entwickeln und verzweifelt versuchen, alle Kinder gleich zu behandeln. Doch hier laufen wir Gefahr, dass wir uns in ein Idealbild verstricken. Wir werden es nicht schaffen, all unseren Kindern immer genau das Gleiche zu bieten und je eher wir uns von dieser Vorstellung verabschieden, umso schneller werden wir sie akzeptieren und den Kindern gegenüber auch vertreten können. Und umso leichter werden wir es haben. Denn natürlich tauchen irgendwann Sätze auf wie „Aber der darf immer…" oder „Als ich so alt war, musste ich immer…". Das ist normal, ein ausgeprägter Gerechtigkeitssinn unter Kindern. Den wir aber nicht immer verzweifelt versuchen müssen zu bestätigen. Wir dürfen zugeben, dass wir heute Dinge anders machen als beim ersten Kind. Dass sich die Bedingungen geändert haben. Dass manches einfach jetzt, in der heutigen Situation, unmöglich ist.

Es ist auch ganz natürlich, dass das erste Kind einen etwas anderen Erziehungsstil erfahren wird als das zweite Kind. Weil wir Erfahrungen sammeln, weil wir uns anpassen, weil ein Alltag mit zwei Kindern nicht hergibt, was mit einem Kind noch möglich war. Und genau das können wir vor unseren Kindern auch offen zugeben und sagen. „Es macht dich traurig, dass ich deine Schwester so oft trage und dich nicht. Du bist viel schwerer als sie, das schaffe ich nicht."

Mein Sohn hat sehr darunter gelitten, dass ich ihn schon am Ende der Schwangerschaft nicht mehr tragen konnte, und auch nach der Geburt seiner Schwester nicht. Wenn ich dann seine Schwester trug, dazu den Einkauf, war er mir schlichtweg zu schwer. Irgendwann habe ich begonnen, wenn wir allein unterwegs waren, ihn hier und da ein Stück zu tragen. Immer mit dem Zusatz: „Aber nur so weit ich es schaffe." Als er fünf war, fragte er mich noch ganz selten: „Mama, kannst du mich ein bisschen tragen? Nur so weit du kannst, okay?" Lächelnd tat ich das meist und genoss diese kurze, abgemachte Nähe zwischen uns. Sie war zu etwas ganz Besonderem geworden.

Wir können nicht immer nur vergleichen und versuchen, alles gleich zu machen und allen gegenüber gerecht zu sein. Wir dürfen viel mehr einmal annehmen, dass jedes Kind seine eigene Aufmerksamkeit, Zuneigung, Begleitung und Liebe bekommt. Und je weniger wir dem Bedeutung schenken, umso weniger werden unsere Kinder auf Gerechtigkeit und Fairness pochen. Wenn sie in ihren ganz eigenen und individuellen Bedürfnissen wahrgenommen und respektiert werden, in ihrer Einzigartigkeit gesehen werden, brauchen sie nicht die gleiche Aufmerksamkeit wie ihre Geschwister. Dann sind sie gesättigt mit dem, was sie haben.

„Das ist meine Mama."

Dieser Satz ist eher eine Frage als eine Aussage. Bist du auch meine Mama, oder nur noch unsere? Wir agieren als Mutter von zwei oder mehreren Kindern in Momenten mit allen Kindern ganz anders, gehen ganz anders auf die individuellen Bedürfnisse ein, als wenn wir mit den Kindern im Einzelkontakt zusammen sind. Weil wir viel mehr Ressourcen dafür haben, weil der Fokus ein ganz anderer ist. Die exklusive Zeit mit den Eltern ist daher für alle Kinder wichtig, nicht nur für das Erstgeborene. Der Alltag spielt sich meistens gemeinsam ab. Die Kinder sind gemeinsam auf dem Spielplatz oder daheim und müssen die Aufmerksamkeit der Eltern teilen. Es tut gut, Zeiten zu schaffen, in denen jedes Kind ganz allein sein kann mit einem Elternteil. Weil hier aufgetankt werden kann. Weil hier die Bedürfnisse eines Kindes ganz anders beantwortet werden können. Auch getrennte Ausflüge und Unternehmungen sind sehr nährend für alle. Denn jedes Kind hat andere Vorlieben, und auf die kann in solchen Exklusivzeiten ganz individuell eingegangen werden.

Übung:

Notiere Dir einmal in Ruhe, was Du an jedem Kind besonders liebst und schätzt. Versuche Dich dabei auf jedes Kind einzulassen und darüber zu freuen. Versuche dabei kein schlechtes Gewissen oder Vergleiche aufkommen zu lassen, sondern erfreue Dich an den speziellen Eigenheiten Deiner Kinder.

Aber – kleines Wort, große Wirkung

„Du sagst deine Kinder streiten häufig und das macht dich wütend. Aber die Kinder sind ja noch klein, das braucht einfach noch etwas Zeit."

„Oh, der Babysitter hat schon wieder abgesagt? Aber es gibt doch sicher bald wieder die Möglichkeit wegzugehen."

„Du bist müde, weil die Kinder so schlecht schlafen und tagsüber so viel Energie haben. Aber das geht doch vorbei, wenn sie älter werden."

„Du machst dir Sorgen, dass deine Tochter sich mit den falschen Freunden herumtreiben könnte? Aber dir ist doch auch nichts passiert, du bist doch auch wohlbehalten groß geworden."

Was fühlst Du, wenn Du diese Sätze liest? Fühlst Du Dich in Deinen Gefühlen bestätigt und verstanden? Was wäre hingegen, wenn ich sagen würde:

„Es ärgert dich sehr, dass der Babysitter schon wieder abgesagt hat. Du hattest dich schon so auf den Abend gefreut."

„Der Schlafmangel mit kleinen Kindern ist sehr kräftezehrend."

„Du machst dir große Sorgen um deine Tochter."

Wir haben als Eltern oft einen guten Ansatz darin, die Konflikte unserer Kinder zu begleiten. Wir beginnen sehr einfühlsam und respektvoll. Und stoßen dann doch diesen fragilen Turm aus Emotionen um. Weil wir ihm das Wort „Aber" in die Fugen schleudern. Ein kleines Wort, das oft sehr große Wirkung hat. Warum? Nehmen wir das Beispiel mit dem Babysitter.

Du bist sehr frustriert, Du hattest Dich auf den Abend zu zweit gefreut und nun kommt, wie so oft schon, die Absage. Jemand sagt nun: „Es ärgert dich, dass der Babysitter schon wieder abgesagt hat." Bis dahin ist alles gut. Ja, es ärgert Dich und mehr brauchst Du gerade nicht, denn niemand wird einen neuen Babysitter so schnell herbeizaubern. Und dann kommt aus dem Hinterhalt der Nachsatz: „Aber es gibt sicher bald wieder die Möglichkeit wegzugehen."
Mit einem Mal bist Du nicht mehr nur frustriert über den Babysitter, sondern auch über diese Aussage. Denn Du weißt, dass sich die Möglichkeit irgendwann einmal wieder ergeben wird. Doch jetzt in dem Moment bist Du frustriert und daran kann jetzt niemand etwas ändern. Und es geht auch nicht darum, jetzt etwas daran zu ändern, sondern darum, dass Ihr Frust jetzt sein darf. Dass er hier Raum hat und rausgelassen werden darf. In Form von Tränen oder fluchender Wut.

Unseren Kindern geben wir mit dem Wort „Aber" schnell das Gefühl, dass wir ihre Emotionen und Reaktionen zwar verstehen, aber eben nicht für so relevant halten.
„Ja, ich sehe, du bist wütend. Aber nun beruhige dich wieder, es ist ja alles nicht so schlimm."
„Du willst auch ein Feuerwehrauto, aber es gibt nunmal kein zweites."
„Du willst, dass ich dir ein Buch vorlese, aber ich muss jetzt

erst die Windel deiner Schwester wechseln."

„Das ärgert dich, aber große Brüder sind einfach manchmal gemein – gewöhn dich besser daran."

Die eigentliche Aussage über die gefühlten Emotionen wird damit relativiert.

Es ist nicht leicht, das Wort „Aber" ganz wegzulassen. Das muss auch gar nicht sein, denn natürlich hat es in unserem Sprachgebrauch auch seine Bedeutung und auch hier im Buch bin ich nicht umhingekommen, es anzuwenden. Doch wenn wir uns bewusst machen, was es bedeuten kann, wie es eine Aussage umkehren und abschwächen kann, dann können wir vielleicht auch besser verstehen, warum Kinder oft dennoch nicht so reagieren, wie wir uns das wünschen, wenn wir scheinbar einfühlsam und respektvoll mit ihnen reden. Wenn wir ihre Gefühle wahrnehmen, sie aber schlussendlich doch mildern.

Übung:
Beobachte einfach einmal im Alltag, wie oft Du Nachsätze, die mit dem Wort „Aber" beginnen, sagst und wie dann die Rektion Deines Kindes darauf ist.
Und was passiert, wenn Du das Aber und den Nachsatz weglässt.

Fragen und Antworten

Theoretische Bücher sind oft sehr nett zu lesen und klingen in vielen Bereichen auch logisch und nachvollziehbar. Wir stimmen zu, wir nicken beim Lesen mit dem Kopf, wir verstehen und haben Aha-Momente. Dann legen wir die Bücher mit den besten Vorsätzen zur Seite und geloben, schon baldigst das Gelesene entsprechend anzuwenden. Denn wir wollen dringend Veränderung. Doch nach kurzer Zeit schleicht sich der Frust wieder ein. Denn in der Praxis sieht die Umsetzung meist schwieriger aus und wir stehen ein wenig hilflos und alleingelassen da. Deshalb habe ich im Vorfeld Eltern befragt, was ihre häufigsten, immer wieder auftretenden Fragen rund um ihre Geschwisterkinder sind. Diese will ich nun im Anschluss hier veröffentlichen und versuchen, soweit möglich zu beantworten. Ich behalte mir jedoch vor, dass ich nicht alle Fragen ausführlich genug und zufriedenstellend beantworten kann, weil es dazu oft eine genauere Beobachtung und weiteres Nachfragen bräuchte, um dem Problem nachzugehen. Gern kann man hierfür die Möglichkeit meiner Online Familienbegleitung nutzen, in der ich auf jede Situation und jede Familie ganz individuell eingehen kann.

Frage: Ich habe die übliche Spielsachen-Frage und den Umgang damit. Es gehört fast alles dem Großen und ich werde ja nicht alles noch einmal kaufen. Wie könnte man das regeln?

Antwort: Ich schlage den Eltern meist vor, dass sie mit den größeren Kindern gemeinsam schauen, welche Spielsachen ihnen noch besonders wichtig sind und welche nicht. Bei welchen sie sich vorstellen können, sie dem Baby zu schenken oder zu leihen. Wenn wir das mit den Kindern gemeinsam tun und ihnen die Entscheidung großteils überlassen, fällt es ihnen meist leichter, etwas herzugeben. Es kann immer wieder vorkommen, dass sie dennoch irgendwann sagen: „Aber das gehört mir!" Dann können wir sie darin bestätigen: „Ja, das ist deins. Du hast es deiner Schwester geliehen, weil du es nicht mehr gebraucht hast."

Oft reicht es wirklich, das zu bestätigen.

Wichtig ist auch, zu akzeptieren, dass sie gewisse Dinge eben nicht hergeben wollen, auch wenn sie selbst gar nicht mehr damit spielen. Dann kann man eine Kiste packen mit den Spielsachen, die ihnen sehr wichtig sind und erwähnen: „Vielleicht magst du sie später einmal herschenken."

„Ja, das ist deins." ist eine ganz einfache aber wesentliche Bestätigung, die es Kindern oft ermöglicht, Dinge zu teilen.

Wenn es sich später um Spielzeuge handelt, mit denen beide gleichzeitig gern spielen, gilt es immer zu beobachten, wem etwas gehört. „Ja, das ist dein Auto. Dein Bruder spielt auch gern damit." Und dann können wir abwarten, was passiert. Wir sollten nicht voreilig bestimmen, wer etwas nicht mehr braucht oder wann womit spielen darf. Besitzverhältnisse sind sehr wichtig und wenn Kinder erfahren, dass es in Ordnung ist, die eigenen Sachen zu behüten, dann sind sie auch schneller bereit, sie zu teilen.

Frage: Meine Tochter sagte neulich zu mir, dass Ihr großer Bruder viel mehr Spielsachen habe als sie und ja, es stimmt. Sie bekommt halt oft das, was ihm mal gehört hat. Er bekommt Neues. Wie reagiere ich angemessen?

Antwort: Es ist ganz wichtig, dass auch die jüngeren Kinder ihr eigenes Spielzeug bekommen und nicht immer nur das, was das Ältere aussortiert. Darüber hinaus ist diese Aussage aber auch ein guter Anlass für ein gemeinsames Gespräch: „Hast du das Gefühl, dass du weniger bekommst?" „Was fehlt dir denn?" „Wovon hättest du gern mehr?" „Was wünscht du dir?"

Hier erfahren wir mal wieder Dinge, die schlummern würden, wenn wir solche Aussagen wie oben als normale Eifersucht abtun würden. Es bedeutet auch nicht, dass wir die Wünsche nun erfüllen müssen. Es tut dem Kind gut, gehört zu werden. Und natürlich tut es ihm auch gut, hier oder da etwas zu bekommen, was ihm scheinbar fehlt. Meist handelt es sich letztendlich aber gar nicht um materielle Dinge, sondern darum, dass das (in dem Fall) mittlere Kind generell das Gefühl hat, etwas zu vermissen. Hier genau hinzuhören und sich Zeit zu nehmen, darauf einzugehen, kann sehr vieles bewirken und lösen.

Frage: Die Mittlere (3,5 Jahre alt) beschwert sich immer wieder, dass sie auch mal „die Erste" sein möchte.

Antwort: Dann sollte man ihr das erlauben. Sie möchte gern mal erste sein. Das Thema der Reihenfolge habe ich ja auf Seite 48 beschrieben. Dennoch ist das nicht in Stein gemeißelt und auch ein zweites Kind darf mal erste sein. Wenn uns bewusst wird, dass das ein immer wiederkehrendes Thema ist, können wir es in den Alltag integrieren und auch kommentieren. „Heute lese ich dir mal als erste vor." Und wenn das ältere Kind sich dann beschwert, so kann man darauf eingehen. „Das ärgert dich, sonst bist du immer erster, stimmt's?" So wird in diesem Moment der Sturm eventuell von der anderen Seite blasen. Aber wenn wir das verstehen und annehmen können, wird er schneller in einen leichten Wind übergehen. Außerdem wird uns auch hier die Möglichkeit für gemeinsame Gespräche gegeben, die für uns alle bereichernd sein können. Wie gesagt: Wir sind keine Schiedsrichter, wir sind ihre Reisebegleiter.

Frage: Unser Großer ist 2,5 Jahre und die Kleine 7 Monate alt. Jetzt wird sie ihm langsam „gefährlich". Denn sie fängt an mobiler zu werden. Drehen und gezieltes Greifen ist an der Tagesordnung. Der Große hat Phasen am Tag, in denen sie nichts anfassen darf und er gerade damit spielen muss, obwohl er tatsächlich in dem Moment mit etwas anderem spielt. Ich sage ihm, er könne es nehmen, solle ihr aber was anderes wieder hinlegen. Wie gehe ich richtig mit dem "Das ist meins!" unter Geschwistern um?

Anwort: Ich würde weder sagen, dass er etwas nehmen darf, noch bitten, ihr etwas anderes zu geben. In erster Linie gilt es zu beobachten, was passiert, wenn er ein Spielzeug nimmt, nach dem sie strebt. Vielleicht wendet sie ihren Blick ab und sucht etwas anderes. Vielleicht beginnt sie aber auch zu weinen. Dann können wir eingreifen und mit ihr reden: „Du wolltest gern dieses Spielzeug haben." Vermutlich wird sie darauf hin noch mehr weinen, als Bestätigung ihrer Gefühle und er wird sagen: „Aber das darf sie nicht!" Dann können wir ihn bestätigen: „Das ist deins. Brauchst du das noch? Vielleicht können wir für Deine Schwester etwas anderes finden." Wenn beide Seiten gesehen und gehört werden, fällt es beiden auch leichter, mit Alternativen umzugehen oder letztendlich ein Spielzeug auch herzugeben.

Kinder spüren tatsächlich eine Art Panik, dass man ihnen etwas wegnehmen könnte.

Frage: Der Große reagiert stets körperlich, wenn ihm etwas nicht passt, wenn also die Kleine was wegnimmt, etwas nicht so macht, wie er will etc. Es ist schwierig, da nicht einzugreifen und nicht immer Partei für das kleinere, schutzlosere Kind zu ergreifen, vor allem mit einem Mann zuhause, der Geschwisterstreit nicht aushält und immer sofort eingreifen will.

Antwort: Ich denke, dass viele Eltern dieses Problem kennen. Die körperliche Reaktion ist ein Zeichen dafür, dass das Kind noch nicht in der Lage ist, seine Gefühle und Emotionen verbal auszudrücken, ja sie sogar zu begreifen. Oder er hat noch nicht selbst erfahren, dass es möglich ist, sich anders als über körperliche Aggression zu artikulieren.

Das kleinere Kind zu schützen ist hier wichtig, gleichzeitig kann man dabei dem Großen helfen, seine Gefühle zu äußern, ohne ihn dabei zu maßregeln oder Partei für eines der Kinder zu ergreifen. „Es ärgert dich, dass sie dir das weggenommen hat. Du brauchst das noch dringend?" Oder: „Du willst unbedingt, dass sie jetzt das macht, und nicht das."

„Es ärgert dich, wenn sie dir alles nachmacht."

All das sind Sätze, die einfach nur sehen und in Worte fassen, was ist. Sie geben beiden Kindern die Möglichkeit, ihre Erlebnisse einzuordnen und sie später selbst verbal auszudrücken statt immer nur körperlich.

Dass wir Eltern den Geschwisterstreit schwer aushalten, ist oft ein großes Problem, auch für unsere Kinder. Denn sie bekommen so schnell das Gefühl, dass wir mit ihren Streitigkeiten nicht umgehen können, dass wir selbst überfordert sind und fühlen sich verunsichert. Sie wollen von uns Sicherheit und auch das Vertrauen, dass wir sie so annehmen, wie sie sind. Hier hilft es also, an uns zu arbeiten und zu versuchen, den Kindern zu vermitteln, was uns zu viel oder zu laut ist, ohne sie dabei zu maßregeln. Und auch einmal tief durchzuatmen, bevor wir genervt in eine Streiterei eingreifen.

Frage: Es ist schwierig, Zeit alleine mit dem Großen zu verbringen, solange die Kleine auch da ist und viel an mir „klebt" und natürlich bei allem partizipieren will.

Antwort: Wertvolle Zeit mit dem größeren Kind zu verbringen ist etwas, was vielen Müttern fehlt, wenn sie ein kleines Baby bei sich haben, das Aufmerksamkeit fordert und dem auch kurzes Warten noch schwer fällt. Wir sollten hier Geduld mit uns selbst haben und nicht zu früh darauf bestehen, diese Zeit zu haben. Das führt dann oft zu frustrierenden Erlebnissen für alle, weil das Baby eben doch wieder „dazwischenfunkt".

Es ist auch sinnvoll, zu schauen, was das große Kind wirklich von uns braucht. Wir versuchen manchmal, zu schnell allein mit ihm Ausflüge zu machen, etwas Besonderes, etwas Tolles zu veranstalten. Dabei genügt manchmal eine kurze Zeit allein mit einem Buch, ungestört. Fünf Minuten am Morgen, während das Baby noch schläft. Und was besonders hilfreich ist, sind Momente, in denen wir das ältere Kind bewusst „vorziehen" und das jüngere Kind „warten" lassen. „Ich möchte mit deinem Bruder noch das Buch fertig lesen, dann bin ich für dich da." Diese Art der Kommunikation ist sehr wirkungsvoll und im Übrigen auch in sämtlichen anderen Situationen anwendbar. Denn sie spricht ohne ein „Warte mal", „Gleich!" oder „Ich kann jetzt nicht" mit einem Satz beide Kinder an, erwähnt, dass beide Kinder gesehen werden. Sie kann uns in vielen Situationen, in denen wir mit einem Kind beschäftigt sind und das andere uns ruft, behilflich sein.

Verzweifeln wir nicht vorzeitig. Es liegen noch viele

tausend schöne Momente vor uns mit unseren Kindern.

Frage: Was tue ich, wenn ich mit der Großen was basteln oder ein Brettspiel spielen möchte, aber der Kleine uns oft dazwischenfunkt? Oder abends beim Zubettbringen: Ich kann nicht beiden dieselbe Geschichte vorlesen, die Große will die Geschichte hören, der Kleine will einfach nach Belieben blättern.

Antwort: Hier braucht es sehr viel Klarheit und örtliche Trennung. Wenn gebastelt oder gespielt werden soll, dann am Tisch, auf den das kleinere Kind noch nicht einfach so hingreifen und etwas zerstören kann. Und die klare Aussage: „Wir spielen/basteln jetzt hier. Ich bin dann wieder für dich da." Man kann das Kind auch daneben setzen und ihm ähnliche Spiele oder Bastelsachen geben, aber so, dass es nicht in das Tun der Großen eingreifen kann. Es mag wüten und sich ärgern, aber auch das kann man einfach aufnehmen: „Das ärgert dich jetzt."

Beim Zubettgehen empfehle ich auch immer eine bestimmte Reihenfolge - erst mit dem einen Kind ein Buch anschauen, dann dem anderen Kind eines vorlesen. Wenn das möglich ist. Oder man gibt dem jüngeren Kind ein Buch zum Blättern in die Hand, während man dem älteren Kind vorliest.

Frage: Wie erkläre ich Kind B, dass Kind C gerade mit Spielzeug xy spielt und es das jetzt leider nicht haben kann und deswegen nicht wütend zu sein braucht?

Antwort: Ganz wichtig: Kind B darf sehr wohl jetzt wütend sein. Es will ein Spielzeug haben, das Kind C gerade hat. Das darf es wütend machen. Die Frage ist nur, wie es seine Wut äußert. Es darf laut werden oder weinen, aber es darf nicht hauen oder beißen. Die Wut zu akzeptieren ist ganz wesentlich im Umgang mit Kindern. Ihr Worte zu geben und Möglichkeiten sie herauszulassen, kann helfen, sie generell zu minimieren. Darüber hinaus heißt das nicht, nur weil Kind C ein Spielzeug hat, Kind B es nicht haben darf. Wir dürfen hier, vor allem bei sehr kleinen Kindern, auch vorschlagen, dass man das andere Kind fragt, ob es das Spielzeug noch braucht. Denn manchmal weiß auch Kind C vor lauter Geschrei und Gekreische von Kind B nicht, dass es eigentlich nur um dieses Spielzeug geht, und nicht um Leben oder Tod. Und es kann sein, dass es das Spielzeug gern hergibt. Aber Achtung: Wer fragt, muss die Antwort akzeptieren. Wenn Kind C verneint, dann gehört das respektiert. Es kann sein, dass Kind B wieder in Wut und Frust versinkt. Die können wir begleiten, aber wir sollten die Antwort als gegeben annehmen.

Frage: Wie schaffe ich es, zu verhindern, dass der körperlich überlegene Zwilling den anderen stößt, beißt, etc.?

Antwort: Dazwischengehen. Wenn die Kinder noch sehr klein sind, sollten wir grundsätzlich die Hand dazwischen halten und Gewalt stoppen oder selbst körperlich eingreifen. Wenn ein Kind das andere bedrängt, können wir auch innehalten und dem anderen Kind sagen: „Du kannst gehen, wenn es dir zu eng wird." Kinder sollten vermittelt bekommen, dass sie nichts über sich ergehen lassen müssen und sich wehren beziehungsweise Abstand nehmen können. Dass das kein Nachgeben oder Aufgeben ist, sondern ein natürlicher Selbstschutz.

Wenn solche Situationen vermehrt und vor allem einseitig auftreten, sollte man schauen und beobachten, wann das vorkommt und warum das so ist. Es kann sein, dass das Kind das nicht tut, weil es körperlich überlegen ist, sondern weil es etwas ausdrücken möchte, was verbal noch nicht möglich ist.

Frage: Wie lehrt man den beiden einen liebevollen Umgang miteinander? Zu Mama und Papa ist der einzelne lieb, aber zueinander können sie ganz schön garstig sein.

Antwort: Es sind Geschwister und sie testen aus, was untereinander möglich ist. Von Mama und Papa sind sie gewohnt, zu hören, was geht und was nicht. Bei den Geschwistern will das noch ausgetestet werden. So lange es nicht gewaltvoll ist, können wir in Ruhe beobachten, was die Kinder dabei wirklich von uns brauchen und ob sie überhaupt unsere Hilfe benötigen. Gewalt sollten wir in jedem Fall unterbinden.

Einen liebevollen Umgang kann man generell nicht lehren, sondern nur vorleben. Wenn wir uns als Paar liebevoll begegnen, nicht nur körperlich, sondern auch verbal, dann werden die Kinder das übernehmen. Kinder bauen ihre Beziehungen auf dem auf, was sie selbst erlebt haben. Was sie gesehen haben.

Wenn wir das Gefühl haben, dass die Kinder nicht liebevoll miteinander sind, so können wir uns einmal zurücklehnen und uns selbst beobachten. Was bedeutet uns das Wort „liebevoll", was meinen wir damit? Und was leben wir selbst vor? Versuchen wir, unsere eigenen Beziehungen zu Menschen, mit denen uns die Kinder täglich erleben, von außen zu betrachten und zu sehen, wie unsere Kinder sie womöglich wahrnehmen.

Oft fällt es uns – vor allem bei älteren Kindern – auch schwer zu erkennen, was wildes und spielerisches Gerangel ist und was gewaltvoller Streit. Das können wir einfach herausfinden, indem wir nachfragen: „Das klingt nicht mehr nach Spaß, braucht Ihr mich?". Wir können darauf vertrauen, dass sie uns rufen, wenn sie usn brauchen, so sie denn wissen, dass sie von uns eine gleiche, neutrale Zuwendung erfahren.

Frage: Wie kann ich die Beziehung der beiden zueinander generell fördern?

Antwort: So, wie wir ihnen keinen liebevollen Umgang miteinander lehren kann, so können wir ihre Beziehung zueinander auch nicht bewusst fördern. Aber ich kann sie einfach sich selbst finden und ihre Beziehung zueinander entstehen lassen. Wenn ich alles in diesem Buch Gesagte integriere und versuche, es im Alltag zu leben, wenn ich die Kinder so annehme, wie sie sind, dann kann ihre Beziehung zueinander wachsen. Das geschieht nicht von heute auf morgen und auch nicht linear. Das geschieht ganz zu ihrer Zeit und in ihrem Tempo. Habe Vertrauen darin und in Deine Kinder.

Frage: Mich beschäftigt die Situation beim Stillen. Das hat bei uns regelmäßig zu heftigen Reaktionen der älteren Schwester geführt, sie hat auf das Baby hingehauen, es im Gesicht gekratzt und einfach wütend getobt.
Ich habe versucht, ihre Wut in Worte zu fassen, aber so richtig passend oder hilfreich ist mir das nicht vorgekommen. Wir haben extra Kuscheleinheiten mit ihr alleine gemacht und auch außerhalb der Situation das Ganze besprochen. Zweimal durfte sie auch stillen, aber ich habe gemerkt, dass das für mich gar nicht passt.
Erst wollte ich sie nicht per se ablenken durch gemeinsames Buchlesen oder ähnlichen oft gelesenen Tipps, aber so konnte ich gar nicht stillen, also habe ich es hin und wieder versucht. Abgesehen davon, dass ich die Stillzeiten oft auch gerne mit dem Baby als Exklusivzeit gehabt hätte. Aber die Versuche der Ablenkung haben nicht gewirkt, das Buch flog

durch die Gegend.

In einem anderen Zimmer zu stillen, ohne die Schwester, hatte zum Ergebnis, dass sie sich wütend gegen die Türe schmiss.

Natürlich hat das Baby auch nicht getrunken, wenn so ein Radau war, und ein hungriges Baby ist quengelig, also für keinen eine gute Situation.

Irgendwann ist es einfach so besser geworden, aber es gab auf allen Seiten viele Tränen und ich wünschte, wir hätten das besser hinbekommen.

Antwort: Das ist eine schwierige Frage, die ein wenig mehr Beobachtung während dieser Zeit gebraucht hätte, um sie gut beantworten zu können. Denn die Frage ist hier, wie genau reagiert und geantwortet wurde, wenn die Schwester wütend agiert hat. Vermutlich hat sich das Ganze sehr zugespitzt, weil wir schnell verunsichert in solche wiederkehrenden Situationen gehen. „Jetzt wird sie gleich wieder toben" sind Gedanken, die uns dann begleiten und eine entspannte Einstellung gar nicht mehr möglich machen.

Extra Kuscheleinheiten sind oft gut gemeint, kommen aber meist dann, wenn wir Zeit haben und nicht, wenn die Kinder sie brauchen. Deshalb wirken sie auch nicht so nachhaltig, wie wir uns das wünschen. Wir können nicht mehr tun, als die Gefühle der großen Schwester so anzunehmen und für sie zu verbalisieren. Wir können sie auch dem Baby erklären: „Deine Schwester ist sehr traurig, weil ich dich jetzt stille und sie gern Zeit mit mir allein verbringen möchte." Wir können auch sagen, dass es auch uns traurig macht, wie diese Situationen ablaufen und dass wir uns wünschen, dass wir einen besseren Weg finden, nur im Moment nicht wissen, wie. Dass es eine schwere Zeit für alle ist. Manchmal braucht es die Tränen auf allen Seiten, damit die Gefühle einmal hinaus können und wir frei werden können. Es ist auch gar nicht möglich, jedem Stolperstein aus dem Weg zu gehen. Das sind die Herausforderungen, an denen wir alle gemeinsam wachsen. Und so schwer es uns fällt, manchmal können wir nichts tun als sie hinzunehmen. Es wird unsere Beziehung nicht nachhaltig schädigen. Im Gegenteil, wenn wir es schaffen, das anzunehmen, wird es sie stärken.

Frage: Der älteste Bruder (6,5 Jahre) und die mittlere Schwester (3,5 Jahre) hänseln sich derzeit wahnsinnig gern – es fängt meist beim Frühstück schon an: Zunge zeigen, „blöde" Schimpfwörter sagen, ohne für uns ersichtlichen Grund, und es geht immer irgendwie bis hin zu körperlicher Auseinandersetzung, um das mal so zu sagen. Und dann weint halt immer (laut heulend) die jüngere Schwester. Wir haben nicht wirklich eine Ahnung, was wir tun sollen.

Antwort: Hier gibt es verschiedene Aspekte, die man beobachten sollte. Passiert das täglich oder gibt es da gewisse Situationen im Vorfeld, die das auslösen? Wie sieht die Sitzordnung am Tisch aus, kann man da was machen, dass die beiden anders sitzen? Wie reagieren die Erwachsenen, die dabeisitzen? Es hilft hier, vorrangig auf die Gefühle des „Opfers" einzugehen. Ohne dabei das andere Kind zu beschuldigen oder zu maßregeln. „Das macht dich sehr wütend, wenn dein Bruder so etwas zu dir sagt."

Wenn wir merken, dass die Worte des einen den anderen sehr verletzen, dann sollten wir das ebenso unterbinden wie die körperliche Gewalt. „Du hast unglaubliche Freude daran, deine Schwester zu ärgern. Aber das geht zu weit, das verletzt sie."

Es ist ein Spiel unter Geschwistern. Herauszufinden, was sie zu welchen Reaktionen bringt. Wie weit kann ich gehen? Bei uns Erwachsenen haben sie das einige Jahre zuvor getestet, nun sind die Geschwister dran.

Sätze wie „Ärger dich nicht, das will er ja nur" helfen da wenig. Ein Kind braucht lediglich Verständnis für seinen Ärger, dann kann es auch viel leichter mit ihm umgehen.

Frage: Es geht um das Thema Gerechtigkeit. Bei uns gab es irgendwann den Begriff der „gleichzeitigen Gerechtigkeit" und der „aufeinanderfolgenden Gerechtigkeit". Am Beispiel Schultasche tragen: In der Zeit, in der nur die Tochter in die Schule ging und der Sohn noch in den Kindergarten, hatte ich immer die Schultasche im Fahrradkorb beim Hinfahren. Der Sohn brauchte ja noch nichts. Als dann der Sohn auch in die Schule kam, hatten wir das Dilemma, denn beide Schultaschen passen nicht in den Korb.

Gleichzeitig bedeutete: täglich abwechselnd je einem Kind die Schultasche tragen

Aufeinanderfolgend gerecht bedeutete: die Tochter war jetzt zwei Jahre dran, jetzt ist der Sohn zwei Jahre dran.

Antwort: Die Gerechtigkeit ist oft ein Thema, das wir Eltern bereits starten, bevor es bei den Kindern ins Bewusstsein rückt. Wir wollen beide Babys gerecht behandeln, beiden das gleiche bieten, obwohl sie vielleicht (ziemlich sicher) ganz unterschiedliche Dinge brauchen. Wenn dann jedoch die Gerechtigkeit von den Kindern selbst thematisiert wird, ist es Zeit, genauer hinzuschauen.

Es muss weder die „gleichzeitige" noch die „aufeinanderfolgende" Gerechtigkeit sein. Es kann eine Mischung sein oder eine ganz neue Strategie. In dem Alter kann man das mit den Kindern klären und fragen: „Hey, ich hab nur einen Fahrradkorb, wie machen wir das in Zukunft?" Wenn sie sich gar nicht einigen können, kann man losen oder man kann sagen: „Dann tragt ihr heute beide eure Schultasche selbst, ich mag nicht, wenn ihr euch deswegen so heftig streitet."
Wir müssen nicht immer gerecht sein, wir müssen den Kindern nur das geben, was sie im jeweiligen Moment brauchen.
Schaut auch, was es mit Euch macht und wie es Euch dabei geht. Wir müssen nicht um jeden Preis versuchen, gerecht zu sein, wenn wir uns dann selbst nicht mehr gerecht werden.

Frage: Mein Sohn braucht mehr Unterstützung in der Schule als meine Tochter und sie ist bis heute ein bisschen eifersüchtig, dass er die auch bekommt. Wie kann ich ihm da gut begegnen?

Antwort: Das kann man einfach aufgreifen und sagen: „Es nervt dich, dass sich so viel um deinen Bruder dreht momentan". Und dann würde ich einfach abwarten, wie sie reagiert. Kinder brauchen es nicht, dass wir ihre Sorgen sofort lösen, sie brauchen Verständnis dafür und das Gefühl, gesehen und gehört zu werden. Dann lösen sich viele Sorgen von selbst.

Zeit und Geduld

Wer geduldig ist, der ist weise,
und ein Weiser ist besser als ein Starker.
- hebräisches Sprichwort

Die Gefühle der Kinder wahrzunehmen, anzunehmen und ihnen Raum zu geben, Möglichkeiten zu vermitteln, Emotionen rauszulassen, ohne dabei zu verletzen. Konflikte zu begleiten, statt zu regieren. Erwartungen herunterzuschrauben und zu beobachten, was kommt. All das klingt machbar. Doch dürfen wir nun nicht die Erwartungen an uns selbst zu weit hochschrauben. Wir sind Menschen mit unserer eigenen Geschichte, ganz individuellen Erfahrungen, geprägt von unserer ganz eigenen Wahrnehmung. Vor allem wenn es stressig wird, verfallen wir sehr schnell wieder in unsere alten Muster, die wir uns im Laufe unseres Lebens angeeignet und eingeprägt haben. Die sich in uns eingefräst haben. Wir sagen Sätze, die uns im gleichen Moment selbst erschrecken. Wir hören unsere eigenen Eltern aus unserem Mund sprechen. Das kann uns zuweilen noch wütender machen. Wir scheinen verzweifelt. Wir wissen, wie wir es besser machen könnten, doch wir schaffen es einfach nicht. Weil all das Zeit braucht. Und weil wir Zeit brauchen und nicht zu viel von uns selbst erwarten dürfen. Weil wir dann zu hohe Ansprüche haben und es nicht schaffen, diese zu erfüllen, was uns wiederum noch mehr frustriert. Wir gelangen dann in eine Spirale, verzweifeln immer mehr an uns selbst. Die Kinder spüren das und fragen uns auf individuellste Art und Weise: „Mama, was ist los mit Dir?" Worauf wir mit noch mehr Wut, Ärger, Angst und Verzweiflung reagieren. Ein Teufelskreis, den unter anderem zu viele Ratgeber und das gut bestückte Internet auslösen können. Weil wir hier zu oft perfekte Geschichten lesen. Weil wir zu oft verallgemeinerte Ratschläge vorfinden. Und weil unter Eltern da draußen oft ein verbitterter Wettkampf herrscht.

Es ist wichtig, dass wir uns und unseren Kindern Zeit geben. Zeit geben zu erkennen, dass etwas los ist und was das ist. Und auch Zeit, um herauszufinden, was wir tun können, um Veränderung herbeizuführen. Und wenn wir nun ein paar Tipps und Ideen umsetzen, dann dürfen wir abwarten und beobachten. Denn auch unsere Kinder werden sich hier und da vielleicht wundern, weil wir plötzlich so anders reagieren. Weil wir Dinge sagen, die sie nicht erwarten, weil sie sie nicht gewohnt sind. Alles hier im Buch Gesagte ist keine Methode, sondern ein Weg. Ein gemeinsamer, auf dem alle Beteiligten aneinander wachsen. Er ist steinig und zuweilen steil. Doch er ist mit wunderbaren Rastplätzen und Aussichten bestückt. Er ist es trotz aller Blasen an den Füßen wert, dass wir ihn weitergehen.

Und wenn wir uns doch einmal so schwer verletzen, dass wir nicht allein weiterkommen, dann ist es absolut in Ordnung und auch wichtig, dass wir uns erlauben, Hilfe zu holen und diese anzunehmen. Durch Freunde und Familie. Oder aber auch durch Menschen, die einen neuen und neutralen Blick von außen auf die Sache werfen.

Ich biete hierfür meine Online-Familienbegleitung an, die es Eltern ermöglicht, jederzeit ihre Sorgen loszuwerden und von mir beleuchtet zu bekommen. Im Laufe eines Monats gebe ich dann individuelle Hinweise und Impulse, um Eure spezielle Situation in Eurem Tempo mit Euch gemeinsam zu lockern und zu lösen. Damit Ihr dann allein und gestärkt weitergehen könnt. Ich freue mich darauf von Euch zu hören.

www.buntraum.at/familienbegleitung

Danke

Ich bedanke mich in erster Linie bei meinen Kindern. Sie haben mich vieles von dem, was ich hier geschrieben habe, gelehrt. Sie haben mich immer wieder herausgefordert. Und ich danke meinem lieben Mann, der mich in all dem immer unterstützt, mich bedingungslos liebt und der so oft bereit ist, die gemeinsame Begleitung unserer Kinder mit mir zu reflektieren.

Ich bin Andrea für das Lektorat und die unzähligen wertvollen Korrekturvorschläge überaus dankbar.

Ich bedanke mich bei allen meinen Lesern meines Blogs, die mich schon jahrelang begleiten und ermutigen weiterzumachen. Die mir immer wieder aufs neue zeigen, dass es sich lohnt, was ich tue und dass da draußen Menschen sitzen, die dankbar sind für das, was ich sage und schreibe.

Und ich danke allen Familien, die sich mir in meinen Beratungen anvertrauen und mich damit immer wieder vor neue Herausforderungen stellen. Ich nehme diese gern an und es macht mir große Freude, Euch zu begleiten.

Literaturverweise

Hilfe, meine Kinder streiten: Wie Sie Geschwistern helfen, einander zu respektieren, Adele Faber, Elaine Mazlish
ISBN: 978-3934333604

So sag ich's meinem Kind: Wie Kinder Regeln für's Leben lernen, Adele Faber, Elaine Mazlish
ISBN: 978-3934333413

Geschwisterkonstellationen: Die Familie bestimmt Ihr Leben, Kevin Lemann
ISBN: 978-3636070074

Geschwister: die längste Beziehung des Lebens, Susann Sitzlar
ISBN: 978-3608961935

Peter, Ida und Minimum. Familie Lindström bekommt ein Baby, Grethe Fagerström, Gunilla Hansson
ISBN: 978-3473355679

Linkliste

www.buntraum.at/geschwister-warum-sie-streiten/

www.buntraum.at/geschwister-von-liebe-die-wachsen-muss/

www.buntraum.at/familienbegleitung

www.sueddeutsche.de/wissen/geschwisterforschung-die-la-engste-liebe-deslebens-1.6717

www.geo.de/magazine/geo-kompakt/6774-rtkl-kind-heit-geschwister-von-derliebe-unter-rivalen

Ich freue mich, wenn Ihr der Facebookgruppe zu diesem Buch beitretet. Hier könnt Ihr Euch austauschen und Fragen stellen zu sämtlichen Geschwisterthemen:

Gruppenname: Geschwisterhandinhand
https://www.facebook.com/groups/geschwisterhandin-hand/